古代歷史文化研究輯刊

七編

王明蓀 主編

第4冊

唐代的捕亡制度

楊曉宜 著

國家圖書館出版品預行編目資料

唐代的捕亡制度／楊曉宜 著 — 初版 — 新北市：花木蘭文化
出版社，2012〔民 101〕
序 4+ 目 2+158 面；19×26 公分
（古代歷史文化研究輯刊 七編；第 4 冊）
ISBN：978-986-254-814-1（精裝）
1. 刑律論　2. 唐代
618　　　　　　　　　　　　　　　　101002375

ISBN-978-986-254-814-1

9 789862 548141

古代歷史文化研究輯刊

七 編　第 四 冊　　　　　ISBN：978-986-254-814-1

唐代的捕亡制度

作　　者　楊曉宜
主　　編　王明蓀
總 編 輯　杜潔祥
出　　版　花木蘭文化出版社
發 行 所　花木蘭文化出版社
發 行 人　高小娟
聯 絡 地 址　新北市永和區中正路五九五號七樓
　　　　　　電話：02-2923-1455／傳眞：02-2923-1452
網　　址　http://www.huamulan.tw 信箱 sut81518@gmail.com
印　　刷　普羅文化出版廣告事業
初　　版　2012 年 3 月
定　　價　七編 24 冊（精裝）新台幣 38,000 元

唐代的捕亡制度

楊曉宜　著

作者簡介

楊曉宜，1985 年出生，臺灣彰化人。2008 年畢業於國立嘉義大學史地系，2011 年畢業於國立臺灣師範大學歷史研究所，現為國立臺灣大學歷史所博士生。主要研究領域為中國法制史、唐宋史，曾參與「唐律研讀會」、「宋代史料讀書會」等學術活動，並透過讀書會的啟發，先後發表研究著作有〈碑刻解讀與討論——以宋代蔣緯「題澹山巖」為例〉(《嘉大史地》第二期)、〈女子有才便是美——以唐代婦女墓誌銘為例〉(《嘉大史地》第三期)、〈北宋緝捕者與逃亡者的法律問題——以《天聖‧捕亡令》為中心〉(《史耘》第十四期)、〈唐代捕亡的程序與法律規定〉(出刊中)及碩士論文〈唐代的捕亡制度〉。

提　　要

關於捕亡律令的沿革，《唐律疏義》對此記載：「捕亡律者，魏文侯之時，里悝制法經六篇，捕法第四。至後魏，名捕亡律。北齊名捕斷律。後周名逃捕律。隋復名捕亡律。」唐代之後又稱為「捕亡」，就其法律上的歷史溯源而言，各朝皆有捕亡組織與法規，更見此制度的建立延續已久。此外，《唐律疏義‧捕亡律》云：「若有逃亡，恐其滋蔓，故須捕繫，以實疏網。」乃因擔心犯罪行為人，具有持續危害社會秩序及國家政策執行之情況發生，故於歷代法典中皆有關於「捕亡」的相關規定，顯示出「捕亡」的重要性。

國家社會秩序的維護與安定，捕亡制度扮演重要角色。本文之所以將「捕亡」設定為一制度，乃因唐代皆有捕亡律令的存在，且司法訴訟中時常出現緝捕罪人的內容，但目前學界對此卻無另作深入、廣泛之研究。筆者透過律令及相關法律文獻，分析唐代的捕亡制度，其中所涉及的對象為緝捕者、逃亡者與犯罪者，再透過各項史料的分析，討論兩者之間身分的界定與法律問題，探究捕亡制度與社會秩序的聯繫性與影響。從基層行政組織的角度觀察，可發現唐代中央與地方的連結關係，若再更深入的分析，更可看出逃亡現象對於國家政權穩定性的影響，逃亡現象是社會秩序的指標，它反映了中央政權與地方官府的運作狀態，以及為政者的治國策略。捕亡制度雖只是基層的行政組織，卻控管了中央對於全國的治理體系，以維護良好的社會秩序。

本文就唐代捕亡制度而言，可分成四大面向討論。第一，捕亡制度的建立與組織，探討此制度的組織概況與工作執掌。第二，緝捕對象的探討，界定犯罪者與逃亡者的身分關係，以及國家政權運作的影響。第三，緝捕程序與法律規定，討論緝捕者在追捕過程中可能面臨的狀況，以及所涉及的法律課題。第四，捕亡制度與社會秩序的關係，如罪人的處置、緝捕者的角色、國家政權的影響等，此制度之建立影響國家整體的運作，與社會秩序的維繫密切相關。

致 謝 辭

　　本篇論文能順利完成，相當感謝諸多師長的指導與鼓勵，雖然仍有許多不足之處，但能完成屬於自己的第一部著作，對我而言是一大進步。在成長的過程中，從小就相當喜歡歷史，並充滿極大的興趣。記得國中第一次上歷史課時，就決定未來要就讀歷史系，也不知哪來的勇氣與興趣，竟讓我一路走到這裡，完成了碩士論文。或許正是這樣的傻勁與諸多師長的提攜，才能讓我在史學研究的領域中，獲得這一點點的成就感。

　　2004 年進入嘉義大學史地系，受到劉馨珺老師的指導與鼓勵，開始進入「唐律研讀會」與「宋史讀書會」，讓我在大學時期能培養研究的基礎與能力，指導我如何撰寫學術報告，對於歷史研究更加認識，並學到非常多的知識，非常感謝劉老師一路的栽培與指導。2008 年進入臺灣師範大學歷史所，指導教授陳登武老師在碩士班的學習過程裡，給予支持與鼓勵，在修習「中國法制史」的課程時，對於此領域的了解與學習更加深入，促使我發現新的研究課題，並指導碩士論文的寫作，在每次的討論過程中，都能獲得很多寶貴的意見，使論文能盡善盡美，相當感謝陳老師細心的指導。

　　感謝口試委員劉馨珺老師與陳俊強老師，細心審閱論文，對於內部論述的方式、邏輯架構、史料引用與解讀、參考資料的提供等各方面，兩位口試委員都細心指出不佳之處，並給予許多建議與指導，提供寶貴的意見，讓我有改進的空間，使論文能順利完成。

　　感謝「唐律研讀會」臺大名譽教授高明士老師和各位師長，讓我有上台發表的機會，學習如何撰寫學術報告，修正許多不佳的地方，在撰寫論文與口語發表方面有很大的進步，並透過研讀唐律的機緣，讓我能順利找到碩士

論文題目。在此也感謝高老師對於論文中的「逃亡問題」，有更進一步的解說，並提供珍貴意見，以補充論文不足之處。

在陳登武老師的指導下，組成論文讀書會，相當感謝陳老師與各位同學的協助、提點，在讀書會提供很多良好的建議，透過一起討論與分享的過程，彼此都能獲得進步的空間，使論文的撰寫能更加順利。

最後，非常感謝我的父母親，在求學的過程裡不斷地鼓勵，並給予最大的支持，總在我沮喪、缺乏鬥志之時，看到父母的關愛及對我充滿信心的姿態，又重新燃起對歷史研究的初衷與熱愛，使求學階段能更加順利，無後顧之憂。

本篇論文能完成，相當感謝默默支持我的父母與各位師長、同學們，因為大家的關心與鼓勵，讓我有勇氣與毅力完成這部著作。尤其是師長們不吝指導與教誨，給予最有力的後盾，在學習的過程裡收獲良多，順利完成碩士論文。

謹誌於彰化　2011.6.19

目次

序　一

陳登武

　　戰後臺灣的中國法制史研究，一度相當興盛；但隨著國家考試取消該科目，相關教學與研究也受到影響。近幾年來，由於法學界與歷史學界的跨學科合作與交流，使得中國法制史研究有日漸恢復以前盛況的趨勢。其中，《唐律》研究尤其受到學界重視，並且有豐碩的研究成果。但也因如此，研究生每以題目難尋而卻步，總認為好題目都已經被充分研究了。〈捕亡律〉是《唐律》中相當重要的一篇律文，圍繞著該律文所呈現的唐代捕亡制度，理應早已受到重視。沒想到諾大的一個重要題目，迄今竟無一篇相關學位論文。曉宜君在眾多研究成果中，竟能看到這個巨大的遺珠，並以此為題，完成碩士論文，且獲得諸多師長高度肯定，這不能不說是她獨具慧眼之處。

　　本書以《唐律》為本，聚焦於〈捕亡律〉，並輔以其他法條與法律個案，藉此建構「唐代捕亡」的制度面設計與實際運作情形，及其對唐代法律與社會所造成的影響。透過律文的研究與個案的實務分析，結合多元層面之探討與論證，讓我們更加清楚整個社會發展及司法落實的成效，生動地展現一個動態法制史的研究範例，這也正是本書最重要的學術價值所在。

　　作者以「捕亡制度」為論述主軸，透過法律的角度分析社會與司法執行之關係，尤以社會秩序與國家政權運作為觀察視角，嘗試從不同觀點探討整體的法律運作狀況，並討論唐代對於立法、執法、實施成效等方面，檢視唐代法律的制定基礎與影響力，讓我們對於唐代作為一個「律令法體制」的國家，有更深入的瞭解。

　　曉宜在嘉義大學曾師從劉馨珺教授，受其啟發而對中國法制史研究產生高度興趣；又在劉教授鼓勵下，參加高明士教授所主持的「唐律研讀會」，接

受諸多師長的長期督促，讓她的研究更加堅定也更加圓熟。曉宜論文之所以能達到一定的水準，一方面固然是她用功所致；另一方面也正是她近幾年來參與「唐律研讀會」的具體成果。這同時也象徵著「唐律研讀會」第三代學人已經開始逐漸擁有獨立研究的能力。現在曉宜已經到台大博士班繼續攻讀，相信未來一定可以繳出更好的研究成績。我忝為她的指導教授，看到她的論文將要出版，深為她感到欣喜；也期待她未來有更好的著作。是為序！

台師大歷史系　陳登武

2012.02.15

序　二

劉馨珺

　　作者就讀嘉義大學時期即注重奠基工夫，多方參與「唐律研讀會」與「宋代史料研讀會」，逐漸累積許多史學能力與相關成果，更從中培養出歷史研究的興味。自大三以來，就陸續在該校《嘉大史地》期刊發表〈碑刻解讀與討論——以宋代蔣緯「題澹山巖」為例〉、〈女子有才便是美——唐代婦女墓誌銘為例〉等論文。就讀臺灣師範大學研究所期間，則發表〈北宋緝捕者與逃亡者的法律問題——以《天聖・捕亡令》為中心〉一文於《史耘》期刊中。她一向孜孜矻矻的問學態度，成績斐然。尤以長期在唐律研讀會中學習，蘊釀對法制史研究的濃厚志趣，於是在碩士班期間以「唐代的捕亡制度」為題，發掘前人所從未深耕的課題。

　　關於「捕亡制度」目前並未有專文作深入探討，而且多是零星散落於各處研究論著中。本書全面檢討唐代捕亡制度中的組織、人員、執行效力，及其對唐代社會的影響與成效，並追溯法律淵源，深入分析《唐律》的法條解釋，輔以相當數量的案例說明，全文讀來，可見功力深厚。作者透過新史料《天聖令》的發現與唐律條文的解析，結合法令條文與個案探究，從中耙梳一套制度的運作與效果，實為本書之特色。法制史研究關注多元與實用，本書鏨析活用法律制度與歷史之間的相關性，透過作者精準論說，亦可觀見其在此一領域的努力與成就。

　　史學工作是持續性，堅守學術之路，或許會孤獨。如今，作者將沈澱再三的碩士論文出版，既盼望不再獨學無友，也期待各屆不吝指教，以開拓更寬廣視野。如此勇氣，值得鼓勵。

劉馨珺謹識於嘉義蘭潭

2011 年 11 月 30 日

緒　論

一、研究動機

　　法律是國家意志最直接的體現，中央頒布律法以約束天下百姓，從而維護與確保安全而有秩序的社會。中央為貫徹國家意志，以維護法律的權威性，因而制定相關捕亡律令，對犯罪行為人施予緝捕、傳訊等作為，並督促官方單位執行必要的法律措施，藉以建構社會安全防護網，全面維持國家體制的運作。

　　本文之所以將「捕亡」設定為一制度，乃因唐代皆有捕亡律令的存在，且具有相關執法單位與人員，司法訴訟中更時常出現緝捕罪人的內容。無論是從歷史史實之角度而言，或是制度形成之概念看來，「捕亡」就是一種社會規範，更是國家治理全國的重要指標，近而影響到人民的行為規範與內在價值觀。此外，從許多前人研究與唐代文獻中，可知一個完整之司法訴訟制度，確有捕亡制度之存在，故筆者將本文之題目訂為「唐代的捕亡制度」，再次審視唐代在「捕亡」行政事務內，所涉及的法律、政治、社會、制度等層面因素，強調捕亡制度與社會秩序之間的關聯性，以及國家政權之運作與影響。

　　關於捕亡律令的沿革，《唐律疏議》對此記載：「捕亡律者，魏文侯之時，里悝制法經六篇，捕法第四。至後魏，名捕亡律。北齊名捕斷律。後周名逃捕律。隋復名捕亡律。」〔註1〕唐代之後又稱為「捕亡」，就其法律上的歷史

〔註1〕　（唐）長孫無忌，《唐律疏議・捕亡律》（北京：中華書局，1983），卷28，《疏》，
　　　　頁525。

溯源而言，唐代長孫無忌認為可推至戰國時期的里悝，更見「捕亡」制度的建立延續已久。此外，《唐律疏議‧捕亡律》云：「若有逃亡，恐其滋蔓，故須捕繫，以實疏網。」〔註2〕乃因擔心犯罪行為人，具有持續危害社會秩序及國家政策執行之情況發生，所以歷代法典中皆有「捕亡」的相關規定，顯示出「捕亡」的重要性。

關於司法制度的落實，除了執法官員之外，另一重要的角色莫過於官員身邊的胥吏及緝捕罪犯者，他們具備捉拿逃犯的重要職責，亦是中央維持社會秩序的重要環節之一。在唐代，捕捉罪人的執法人員，其稱呼甚多，其中唐律最常出現「捕者」或「捕罪人」之稱，至於固定組織或人員名稱，史料內並無特別規定。本文將這些基層執法者通稱為「緝捕者」，主要乃因唐代捕捉罪人一事，有其相關行政程序，首先須下達「緝捕令」之行政公文書，再行捕捉之職，整個程序皆須符合法律規定，並具有法律效力，故稱其為「緝捕者」。至於緝捕者之職責，歷代律典都規定有「捕亡」之限，若在人命、盜賊、傷害等重大案件中，報案人無法確實指出侵害人為何人、或侵害人已經逃跑，就要進行偵查或緝捕，緝捕者須盡力完成任務，並於期限內緝捕罪犯歸案。若緝捕者在規定期限內捉拿不到罪犯，更會受到罰俸等制裁。此法制精神延續至後代，使中國傳統法繼續保留「捕亡律」和「捕亡令」，以規範緝捕者與罪犯的法律關係。

又近年來，因新史料《天聖令》的發現，補充唐宋時期律令的不足。發現者戴建國指出：「北宋天聖七年（1029），宰相呂夷簡等奉召制定成宋代第一部令典《天聖令》。《天聖令》的修定，是完全以唐令為藍本，在唐令已有的條文基礎上制定的。……反映出唐中葉以來社會變化對立法活動的巨大影響。」〔註3〕其中唐代的「捕亡令」更是重要的史料之一，如捕捉逃犯的規定、逃犯的身分、賞金的分配等等，都有新的史料出現。《天聖令》史料的出現，重現唐宋之間的改變，從法律的角度來分析社會、政治的變遷，更加證明唐宋間法律制度的研究，越來越受到重視。

筆者欲藉由律令制度的角度，探討唐代對捕亡的實行與規定，並討論中

〔註2〕（唐）長孫無忌，《唐律疏議‧捕亡律》，卷28，「將吏捕罪人逗留不行」（總451條），頁525。

〔註3〕戴建國，〈從《天聖令》看唐和北宋的法典製作〉，收錄於臺師大歷史系等所編《新史料‧新觀點‧新視角：『天聖令』論集（上）》（臺北：元照出版社，2011），頁29。

央維持地方社會秩序的執行力與效力。從「捕亡制度」中分析唐代中央政策的執行與國家體制運作之間的關聯性，以及緝捕者與罪犯之間的管理問題。如在緝捕的過程中，何者爲緝捕者？緝捕罪犯的相關規定爲何？所設定的罪犯對象有哪些？中央和地方之間，對於捕亡制度的實行是否符合律令規定？並從法律個案討論相關的研究課題，如捕捉罪犯的案件、過程、法律訴訟、實務面的執行成果等。

二、研究回顧

（一）唐代捕亡律令之研究

關於唐代的捕亡制度，戴炎輝於〈捕亡律〉提及：「本編主要爲不使罪人逃避刑責，即保護國家刑政權之行使而設。」〔註4〕可見律令的制定有其重要性，更是維繫國家與社會秩序的重要指標。若討論到〈捕亡律〉制定的歷史意義，首先必須重新審視唐代法律的多面向研究，以及律令對於唐代國家體制運作的影響。唐代律令爲研究捕亡制度之基礎，透過律令的解讀與分析，可以更加清楚整個制度的建立、組織架構與執行效力等，故律令之研究成果爲本文探討的重點。

就唐代律文的分析而言，其中戴炎輝《唐律通論》、《唐律各論》等書爲其代表，〔註5〕又《唐律各論》一書以法律的角度分析唐律，所涉及之議題爲罪名要件、處罰、注意事項等，多方面討論唐律各篇的法律概念。另外，劉俊文《唐律疏議箋解》，〔註6〕討論到各條文之間的歷史解釋與分析，從歷史的角度研究唐律，與戴炎輝略有不同，可增加律令解讀上的不足。錢大群《唐律疏議新注》，〔註7〕對於各條律文的註釋與翻譯，補充目前學界在律文解讀上的不足。日本學者所編撰《譯註日本律令》，〔註8〕其中第八冊獨立出〈捕亡律〉一篇，使律令研究更加完整，並配合日本律令之內容，整理出與唐代相關之法令，對捕亡律令之研究有很大的貢獻。以上所述，乃學者綜觀整部唐律的研究成果，包含了〈捕亡律〉之條文的分析與解讀，其著

〔註4〕戴炎輝，《唐律各論（下）》（臺北：成文出版社，1988），頁723。

〔註5〕戴炎輝，《唐律通論》，臺北：元照出版社，2010。戴炎輝，《唐律各論》，臺北：成文出版社，1988。

〔註6〕劉俊文，《唐律疏議箋解》，北京：中華書局，1996。

〔註7〕錢大群，《唐律疏議新注》，南京：南京師範大學出版社，2007。

〔註8〕律令研究會編，《譯註日本律令》，東京：東京堂，1996。

重點為律文中的法律意識，與此規定下之情況分析，並未擴展法條之外的歷史意義，較少有全面性的討論與研究成果。再者，《天聖令》新史料的出現，由中國社會科學院歷史研究所天聖令整理課題組負責，編撰《天一閣藏明鈔本天聖令校證・唐令復原研究》一書，〔註9〕其中藉由宋代《天聖令》的史料，復原唐代令文原本的樣貌，提供了新史料、新視角，尤以孟彥弘〈唐捕亡令復原研究〉對本文影響甚大，〔註10〕引用相關史料，並以《天聖令》為底本，復原唐代令文原貌，增進後人引用史料的研究效率，其中亦可配合仁井田陞《唐令拾遺》，〔註11〕使唐代捕亡令之研究資料更加多元，互補不足之處。

　　上述之研究成果，實為本篇論文之基礎，前人研究提供相當多的史料基礎，尤其是律令的解讀與分析，更是此次研究的焦點。就唐代法制史的研究而言，學界重視唐代律令的編制、年代、律令條文解析等，對於中央到地方之間的司法落實問題，以及法律制度方面等課題亦多有成果，但本文希望能透過捕亡律令之研究基礎，全面地討論法律實際運作的情形，以及此制度對於國家體制運作與社會秩序之影響作用，重新審視唐代捕亡制度在法條運用上的特色與效用。此亦為本篇論文所須關注的部分，試著從中央法律制定的層面，間接討論到地方司法執行的效力。就如戴炎輝於〈捕亡律〉指出：「本編主要為不使罪人逃避刑責，即保護國家刑政權之行使而設。」〔註12〕可見律令的制定有其重要性，更是維繫國家與社會安全的重要指標。

（二）法律執行與權力的關係

　　對於捕亡律令的研究，如組織制度的執行力、緝捕罪犯逃亡的相關規定、地方司法官員與緝捕者之間的關係等，皆與當權者的權力關係相當密切。前節所述之律令研究，乃是中央頒布的法典。然而，法典本身所具有的力量背後，就是皇帝、中央與地方三者之間的權力問題。筆者藉由權力的角度探討法律執行的效力，以及國家體制運作之下所帶來的影響力，以重新審視捕亡制度背後所隱藏的那股力量，即維護整個唐代國家社會的主要核心。

〔註9〕 天一閣博物館・中國社會科學院歷史研究所天聖令整理課題組，《天一閣藏明鈔本天聖令校證・唐令復原研究》，北京：中華書局，2006。

〔註10〕 孟彥弘，〈唐捕亡令復原研究〉，收錄於《天一閣藏明鈔本天聖令校證・唐令復原研究》，頁 541～551。

〔註11〕 仁井田陞著、栗勁等譯，《唐令拾遺》，長春：長春出版社，1989。

〔註12〕 戴炎輝，《唐律各論（下）》，頁 723。

　　關於法律執行與權力關係的課題，林乾《中國古代權力與法律》，〔註13〕
提到法司的職守對君主守法的約束、君主權力的法律制約機制等問題，亦從
歷史的時間序列上研究尊君抑臣之法的生成與演變。更探討了政治鬥爭導致
法律的變異、行政與司法權分合等重要問題，側重政治制度史的研究。作者
雖然提出權力與法律之間的問題，但多以中央和皇權之間的探討，似乎忽略
了地方司法單位的執法層面，以及實行效力的問題。也就是說，地方司法單
位在執行任務時，權力與法律之間的衝突與調節，當執法官面對緝捕者的法
律問題，以及緝捕者捉拿罪犯的過程裡，所須面對的問題與協調，這都是本
篇論文的研究重心，可以做更深入的探討。

　　朱紹侯《中國古代治安制度史》，〔註14〕提到唐代治安的建立，此與法制
建設、修訂律令格式有很大的關係，《唐律》是現存中國法典內容較為完善的
律書，並具有成熟的司法機構與程序。此外，中央對於地方的管理與統治，
建立戶籍制度、基層治安組織、相關警急措施，以及設置巡察使、按察使，
並有效控制基層社會的治安情況。從各層面看來，唐代社會與國家之間的聯
繫，以及中央和地方權力之間的協調，都能妥善運用。

　　再者，關於地方官吏之法律責任與當地統治權力的研究，如錢大群、郭
成偉所著《唐律與唐代吏治》，〔註15〕強調唐律監督地方官吏，以及依法行政
的特點，如戶籍的管理、納稅制度、其他違法犯罪，以及追究治安上的失職
犯罪等。唐律中關於官吏違法犯罪處斷的條文特別多，其中職務犯罪的內容
對吏治的作用，有維護國家政務、維護君主威嚴、官吏行政效率及其品德、
對社會秩序的防衛職責、司法審判權力等。從法律與權力的角度而言，亦可
看出國家立法原則與權力之間的關係，其所涉及的範圍，除了中央皇權對官
吏的統治權力之外，其核心更是地方官吏對人民的統治權力。張玉興《唐代
縣官與地方社會研究》，〔註16〕其主要分成兩部分，一為探討縣級機構中官吏
設置問題，包括縣令、縣丞、縣主簿、縣尉與胥吏等，以及縣級官吏與胥吏
的關係。二為評析縣級官府與地方社會諸方面的關係，包括與鄉里制、科舉
制及其他勢力。並以縣級行政角度分析國家權力與基層社會的關係，以及官
吏對於地方的統治與影響。

〔註13〕林乾，《中國古代權力與法律》，北京：中國政法大學出版社，2004。
〔註14〕朱紹侯，《中國古代治安制度史》，鄭州：河南大學出版社，1994。
〔註15〕錢大群、郭成偉，《唐律與唐代吏治》，北京：中國政法大學出版社，1994。
〔註16〕張玉興，《唐代縣官與地方社會研究》，天津：天津古籍出版社，2009。

如上所述，對於權力與法律之間的討論，學者於此皆有重大貢獻。若就「權力」而言，其所涉及的面向除了皇權以外，其實亦包含地方官吏對於地方事務的司法權力，以及中央對於地方司法的掌控與影響。若單就皇帝與中央官員、行政機制來分析，則有可能會局限權力對於法律的影響力和執行的效力。故本文將權力層面的問題，透過法律條文的分析解讀，並配合法律個案的研究，討論地方行政組織對於「捕亡制度」的執行效力。其中所涉及的面向，如執法官員與緝捕者之間的問題、官府基層人員的法律責任、地方官吏權力運用的問題等，並藉由捕亡律令的研究看來中央與地方的執行效力，以及地方司法執行與權力關係。

（三）捕亡制度之研究

關於捕亡制度的研究，過去的學術成果較爲少見。高明士〈從英藏 CH0045 捕亡律斷片論唐貞觀捕亡律之存在問題—兼論貞觀斷獄律之存在問題〉一文中，〔註17〕以捕亡律令年代、實行層面之研究爲主。易彪〈從《天聖令》之〈捕亡令〉看北宋對盜賊懲治〉，〔註18〕補充相關捕亡制度的研究，但對於律令規定的身分等級劃分與律令關係，卻無另作討論。上述學者之研究成果，大多以捕亡律令的分析解讀爲重心，或是兼論其他相關課題，對於「捕亡制度」的建立組織及實行層面，卻無多作說明，究竟捕亡制度的形成與法律之間的關係爲何？此亦是本文須重視之處。

此外，對於緝捕者的身分定義，早在秦漢時期就有相關記載，如《二年律令》中的〈捕律〉。林文慶於〈張家山漢簡《二年律令・捕律》初探〉中提到，〔註19〕一旦有群盜及盜賊殺傷人案件發生，則案發所在的「縣」必須確實掌握盜賊行蹤，並當急速派遣足夠的吏員進行追捕。又若官員隱匿盜賊動態而未向縣衙稟告，或延遲告知縣衙以致未能逮獲盜賊者，官員就必須承受「鞫獄故縱」的罪責。而所見官員有：縣令、縣丞、縣尉，以及官嗇夫、尉史、求盜、士吏。令、丞、尉均爲縣長吏，縣尉更是以案察姦宄、逐捕盜賊

〔註17〕高明士，〈從英藏 CH0045 捕亡律斷片論唐貞觀捕亡律之存在問題——兼論貞觀斷獄律之存在問題〉，收入《潘石禪先生九秩華誕敦煌學特刊》（臺北：文津出版社，1996），頁 409～425。

〔註18〕易彪，〈從《天聖令》之〈捕亡令〉看北宋對盜賊懲治〉，《青年文學家》，第 5 期（2009）。

〔註19〕林文慶，〈張家山漢簡《二年律令・捕律》初探〉，第三屆簡帛學術討論會會議論文，2005 年 5 月 18～19 日。

爲務。張功《秦漢逃亡犯罪研究》，〔註20〕分析逃亡現象、原因，以及政策因
應作爲主題。從秦漢逃亡犯罪的類型、原因、官方預防和控制犯罪的制度、
措施、影響等方面，考察了秦漢時期的逃亡犯罪現象，此亦提供了捕亡制度
上的認識與基礎。

　　關於唐代捕亡的課題，前人研究較少。如劉俊文於《唐代法制研究》，
說明拘提、追捕、通緝、監禁等司法制度，並論述唐代實行官私合捕、拒捕
格殺制等重要法律課題，其中捕送盜賊者，官府會給予獎勵，亦討論到捕者
與罪犯的應對與法律問題。〔註21〕陳登武在《從人間世到幽冥界—唐代的法
制、社會與國家》一書中也有相關成果，至唐代，各級地方官吏和鄉、里、
村、坊長吏等，都可拘捕罪犯。負責逮捕的官吏稱爲「捕賊官」和「捉事所
由」，而捕賊官就是縣尉。〔註22〕此外，錢大群、郭成偉《唐律與唐代吏治》，
〔註23〕從法律的角度看縣衙人員捕捉罪犯的問題，如法律監督依法緝捕人
犯、法律監督官吏依法對犯人實行囚禁、官吏所須負擔的連帶法律責任等，於
此皆能看出唐代捕亡的法律規範。張玉興《唐代縣官與地方社會研究》，〔註24〕
關於縣尉一職，其首要職責爲司法捕盜，縣尉捕盜任務的執行則由其所統領之
「不良人」負責，也就是指唐代官府中掌緝捕捉盜賊的吏卒。然而，縣尉亦有
負責審理案件，並藉由對司法執行的職能，實行維護地方治安的作用。其中緝
捕者身分又可分爲以下幾種：捉不良、不良人、縣門卒、手力、游繳、散手等，
亦可看出胥吏的任用與地方官之間的互動關係。

　　再者，緝捕程序與唐代戶籍密切相關，就唐代戶籍法而言，宋家鈺《唐
朝戶籍法與均田制研究》指出，〔註25〕捕亡律主要內容爲逃亡法，包含民戶
逃亡罪與脫漏戶口、增減年狀罪，有分爲申報戶口不實及本人逃亡之情形，
且懲處對象分成家長與逃亡者本人，亦對有課役口與無課役口的處罰，在量
刑定罪上也有很大的不同。作者主要是透過唐代律令的規定，對戶籍法所作
的考察，其中亦涉及到身分法問題。從秦漢到唐代，緝捕者大多屬與地方官
吏，且以縣尉爲主，在律令中都有記載關於追捕的行政程序與法律問題。因

〔註20〕張功，《秦漢逃亡犯罪研究》，武漢：湖北人民出版社，2006。
〔註21〕劉俊文，《唐代法制研究》，頁174～182。
〔註22〕陳登武，《從人間世到幽冥界——唐代的法制、社會與國家》（臺北：五南圖
　　　　書出版社，2006），頁63～69。
〔註23〕錢大群、郭成偉，《唐律與唐代吏治》，北京：中國政法大學出版社，1994。
〔註24〕張玉興，《唐代縣官與地方社會研究》，天津：天津古籍出版社，2009。
〔註25〕宋家鈺，《唐朝戶籍法與均田制研究》，鄭州：中州古籍出版社，1988。

緝捕者屬於地方性質，維持當地的安全與秩序，是中央對於地方的重要連結，
亦是中央的縮影，維繫著國家整體上的社會秩序。至於宋代捕亡制度的內容，
王雲海於《宋代司法制度》一書，〔註 26〕提到宋代的緝捕機構、逮捕、監禁
等諸多捕捉罪犯的法律課題，更見捕亡制度的形成乃是各朝之間的延續與新
的變革。宋代承襲唐代律令，保持了先前大部分的「捕亡律」和「捕亡令」，
以規範捕者與逃亡者的法律關係。從法制史的角度分析地方追捕罪犯的制
度，可看出唐代捕亡制度的確立與成熟。

除了相關的制度研究之外，加上新史料《天聖令》的出現，增補許多律
令制度上的不足。其中桂齊遜〈唐代律令關係試探—以捕亡律令關於追捕罪
人之規範為例〉一文，〔註 27〕對於捕亡律令有較深入的研究，並以法制史的
角度探討緝捕者與罪犯的法律課題，但多以律令條文的分析與解讀為主，並
從中討論緝捕者面對罪犯時，所涉及的法律規範、逮捕程序、捕者與罪犯的
問題等。對於律令實際操作的層面上，其研究較為缺乏，亦無探討相關法律
個案。加上文章所討論的層面不夠全面，律令分析與研究有限，故本文藉由
此篇論文之成果，更加深入分析、探討捕亡制度中所牽涉的法律問題，並透
過法律個案的研究，以確立中央與地方之間的司法執行成果。

關於捕亡制度之法律個案研究的問題，學者大多以律文之解析為主，尤
其在捕亡的過程與法律問題等研究較少。陳登武在《從人間世到幽冥界—唐
代的法制、社會與國家》，〔註 28〕以〈鷰子賦〉為主軸，討論拘提與傳喚罪
犯，其中亦以唐律、唐令為主要的史料作論述，並利用〈鷰子賦〉中的角色
敘述，分析拘捕罪犯的過程與行政程序。薄小瑩、馬小紅〈唐開元廿四年岐
州郿縣縣尉判集（敦煌文書伯 2979 號）研究——兼論唐代勾徵制〉，〔註 29〕
以及潘春輝〈P.2979《唐開元廿四年岐州郿縣縣尉牒判集》研究〉，〔註 30〕
此兩篇論文以縣尉判集之史料為基礎，探討縣尉所應負的職責與工作，其中

〔註 26〕王雲海，《宋代司法制度》，鄭州：河南大學出版社，1992。

〔註 27〕桂齊遜，〈唐代律令關係試析——以捕亡律令關於追捕罪人之規範為例〉，《唐
研究》（北京：北京大學出版社）第 14 卷（2008），頁 221～245。

〔註 28〕陳登武，《從人間世到幽冥界——唐代的法制、社會與國家》，頁 63～69。

〔註 29〕薄小瑩、馬小紅，〈唐開元廿四年岐州郿縣縣尉判集（敦煌文書伯 2979 號）
研究——兼論唐代勾徵制〉，收在《敦煌吐魯番文獻研究論集》第 1 輯，北京：
中華書局，1982。

〔註 30〕潘春輝，〈P.2979《唐開元廿四年岐州郿縣縣尉牒判集》研究〉，《敦煌研究》
第 5 期（2003）。

包含追捕罪犯、逃亡戶等。此外，解梅〈P.2754《唐安西判集殘卷》研究〉提到，〔註31〕唐初在西域建立了官吏考課制度，及推行官吏職田制度，並建立了嚴密的烽堠制度、徵兵制。就法律實際運作而言，西域地方官府辦案所依據的是，中央制定的法理原則和律令條文，藉由判文內容分析當地的司法執行問題。

本文將以上述研究成果爲基礎，並藉由《吐魯番出土法律文獻》、〔註32〕《新獲吐魯番出土文獻》、〔註33〕《歷代判例判牘》等檔案文書，〔註34〕提供更深入之探討與分析，如所涉及的逃死名籍、捕亡文書、檢校失奴事、違番不到驛丁事、催徵捕懸事等，透過不同之法律個案研究，以了解司法執行的程度與效力。

三、研究層面

本文主要可分成四個層面來探討：

第一層面爲中央方面所制定之律令是否能全面落實。唐代於開國之初制定《唐律》以及相關的令、格、式，其中所載之條文極爲詳細，並將可能發生之情節、對象、刑罰判定標準、行政官司的掌理等，作了明確的規定。然而，在面臨版圖甚大的大唐帝國，中央如何實行律令中所規定的法則？此外，面對如此繁多的法律條文，中央的執行效力又是否能通行全國？本文欲藉此觀點，從「捕亡」的角度討論唐代中央對於法律的執行效力，以及中央與地方之間的連結性，中央如何透過法律的力量，治理地方的社會秩序與國家體制的維護。就法律分析而言，從律令的內容討論緝捕者與逃亡者的法律問題，可以更加清楚唐代的法律制定與地方的連結性。

第二層面爲地方對於捕亡制度的執行效力。就「捕亡」而言，其所涉及的行政司法單位爲地方基層組織，其中以縣衙人員的執法爲主。當地方行政長官下令搜捕罪犯與逃亡者時，身爲緝捕者的縣衙人員，將於此時負擔法律責任。爲了讓緝捕者能盡力追捕罪犯，其中相關的法律條文，在在都約束著緝捕者的執行效力。若有不合行政程序者，將會受到法律的制裁，並以此來規範緝捕者的職業道德與辦事能力。然而，地方官府在捕捉罪犯、逃亡者時，

〔註31〕　解梅，〈P.2754《唐安西判集殘卷》研究〉，《敦煌研究》第 5 期（2003）。

〔註32〕　劉海年、楊一凡總主編，《吐魯番出土法律文獻》，收入於《中國珍稀法律典籍集成》甲編第四冊，北京：科學出版社，1994。

〔註33〕　榮新江、李蕭、孟憲實主編，《新獲吐魯番出土文獻》，北京：中華書局，2008。

〔註34〕　楊一凡、徐立志編，《歷代判例判牘》（第一冊），北京：中國社會科學，2005。

是否依法行事？其中面對不法的緝捕者，法律是否具有約束力？本篇論文將以此為探討的重心，以法律條文的分析解讀為主，並配合法律個案的研究，討論地方官府對於「捕亡制度」的執行效力。

第三層面為緝捕者與罪犯之間的法律問題。在逮捕的過程中，緝捕者可能會面臨罪犯與逃亡者反抗之情形，此時亦可能會威脅到緝捕者的生命安全。然而，緝捕者與罪犯之間究竟有何法律問題與責任？關於這類的情形，唐代律令亦將此列入參考，並從中分析雙方之間的武力、敵對情形，以及可能面臨的刑罰問題。對於將吏追捕罪犯時，亦有其相關的法規，並依其事發之情節，處以不同的刑罰。其中亦有約束捕者，避免與罪犯有所勾當或不法之事，實屬依法行事，不可有所輕慢。本篇論文將從律令規定與法律個案，討論緝捕者在追捕過程中所面對的問題，以及身為基層執法人員的法律責任。如對於未捕捉到的罪犯（逃亡者），緝捕者所應負擔的職責，以及拷問罪犯過失致死時的法律責任等，這都是相當有趣的課題，並可配合唐代的律令與皇帝的詔令，從中探討國家安全與地方秩序的維持，實屬重要的歷史意義。

第四層面為捕亡制度對社會秩序的影響。關於律令制度與社會秩序，本篇論文主要探討制定「捕亡律令」的因素與背景，中央為維持國家體制能良好運作，故將所規定之事項列入法典，並藉由法律的力量貫徹中央政策的執行。就制定法條的歷史因素而言，實則是國家整體的運作模式，非單只是地方治安的維持，其中所涉及的面向，更是大帝國重要的統治力量。如逃亡對象的設定與國家政策的關係、緝捕者對當地治安的影響、對於罪犯和逃亡者的管理問題，以及官府執行追捕時對社會秩序的影響等。唐代重視罪犯的管理及其後續的影響，為了維持安定的社會秩序與國家體制的運作，不論是緝捕者還是罪犯，本身都具有重要的法律關係與責任。緝捕者本為正義的化身，將罪犯追捕到案，是他們重要的職責。若無法盡責，且有被買通之嫌，都須判重刑予以懲戒。國家的安定與否，可決定於當地的司法訴訟與追捕效力，唯有如此才能有穩定的社會秩序，地方上安定，則國家才能安定。從律文中亦可知捕亡制度的重要性，其維繫著當地的治安、行政管理、法律執行效力，不可輕忽。

四、研究方法

本文主要以律令來分析唐代的捕亡制度，其中所涉及的對象為緝捕者與逃亡者、罪犯的法律問題。並透過各項史料來討論，緝捕者與逃亡者之間的

關係與身分的界定，亦可發現此兩者與地方社會秩序的維持密切相關。首先，就史料運用而言，因捕亡所涉及的範圍極廣，主要以《唐律》對於捕亡制度的律文紀錄爲主，並運用《天聖令》復原唐令之研究、《唐六典》、《唐令拾遺》、《吐魯番出土文書》、《中國古代地方法律文獻》、《歷代判例判牘》、《中國古代法制叢鈔》、《吐魯番出土唐代文獻編年》、《吐魯番出土高昌文獻編年》、《敦煌吐魯番文獻》、唐代皇帝詔令、文武官員的文獻資料等相關法律史料，以探討捕亡制度中的律令規定及其建立、組織。也可使用《舊唐書》、《新唐書》、《唐會要》、《文獻通考》、《通典》等典章制度，分析唐代對於捕者的相關歷史課題。對於法律實際運作而言，並運用不同的法律文獻個案，以探討在逮捕過程中，緝捕者與罪犯之間的法律問題，以及分析地方官處理緝捕者與罪犯之間的法律課題，從中亦可看出地方司法的行政效力。

此外，就法律分析而言，從律令內容討論緝捕者與逃亡者的法律問題，可以更加清楚唐代的法律制定與地方的連結性。律令的執行實屬中央與地方效力施行的重要指標，從眾多史料中雖可以得到一些相關實例，但仍有所不足。畢竟法條制定雖固定，但執法者則可依情理審理、判刑，也就是有其彈性的一面，故無法完全討論到各層面之間實際運作的部分，實爲可惜。但不可否認的是，從律令的角度看捕亡制度，可釐清法律對社會秩序的影響，並可延伸至唐代對於管理地方基層人員的相關措施與法規。

「捕亡制度」主要涉及到唐律之〈捕亡律〉及〈捕亡令〉，也就是唐代外部的法制精神，藉以控管良好的社會秩序，保障人民的生活安全。然而，其內部核心價值，在於維護國家體制與權力的運作，加強國家對全國人民的控制與治理，並配合多項制度之運行與維持，如均田制、戶籍制、兵制、行政官員的管理等，只要有任何違反國家體制之外的人、事、物，皆會受到法律制裁，其首要途徑即「緝捕違法者」，再交由司法審理處置。故捕亡制度之存在有其必要性，且與整個大唐帝國無法分割，更是司法審判的重要一環。筆者希望藉由本文之成果，以補充唐代法制對於捕亡制度研究的不足。

第一章　捕亡制度的建立與組織

　　捕亡制度的建立，在於維護社會秩序與穩定國家體制之運作，爲了使基層執法人員能有效管理罪犯或逃亡者，因此各朝皆有設置相關捕亡機構與法律規範。唐代對於捕亡制度的重視，許多史料與法規中皆有記載，透過史料的分析與論述，對於捕亡制度的建立與影響也能更加清楚。本論文將「捕亡」設定爲制度，乃因其具有一定的組織層級、相關執法人員、各項法規及執行層面等，實屬一完整制度。所謂「捕亡」，就緝捕對象而言，可分爲犯罪者與逃亡者，其中犯罪者即一般違法犯罪行爲者，如殺人、竊盜、強盜、傷害等罪人，他們本身已具有法律刑責的身分，不論是否有逃亡的現象，緝捕者都須立即追捕罪人，並移送司法單位審理。至於逃亡者可分爲「犯罪逃亡者」與「避役逃亡者」兩種。「犯罪逃亡者」即上述一般犯罪人逃亡，或爲已處刑之犯罪人逃亡，如因犯逃亡之現象，屬於罪上加罪，就法律的判決而言，則加重其刑責，予以懲戒。另一類爲「避役逃亡者」，即逃亡者爲躲避兵役、勞役、徵稅等，脫離本籍，流亡他地。唐代法律規定，各種不同身分等級的人，有其應對的職責與義務，如逃兵、逃戶、奴婢逃亡等，雖然本身無刑事犯罪行爲，但已有逃亡之舉，危害國家體制的運作，並破壞整個社會秩序的適當性，故亦屬違法行爲，理當交由緝捕者負責追回。就緝捕者而言，〈捕亡律〉也制定了相關法規，如在追捕罪人的時候，可能面臨的狀況，以及緝捕者失職的法律責任等。「捕亡」二字所包含絕非只有逃亡、犯罪者，亦包括緝捕者在緝捕過程中所負擔的法律責任，可見唐代捕亡制度的完善與制度化。

第一節　捕亡制度的沿革

　　中央為了建立良好的社會秩序，制定相關的捕亡律令，確保國家體制的運作及人民生命、財產的安全。關於〈捕亡律〉的沿革，《唐律疏議》言：「捕亡律者，魏文侯之時，里悝制法經六篇，捕法第四。至後魏，名捕亡律。北齊名捕斷律。後周名逃捕律。隋復名捕亡律。」〔註1〕根據長孫無忌之說，認為〈捕亡律〉之起源，因戰國時期魏文侯的里悝，集諸國刑典制定《法經》，共有六篇，可分為「一盜法，二賊法，三囚法，四捕法，五雜法，六具法」。〔註2〕此時尚未出現「捕亡」一詞，而是歸於「捕法」。至於《法經》存在的真實性則有待考證，本文在此未能多加斷定，但從秦漢時期出土之法律文書，可推測戰國時期應當有相關法規。近年來，秦漢的法律出土文書，使捕亡之組織與法規更加清楚。如漢代的《二年律令》則分為〈捕律〉和〈亡律〉兩篇，〔註3〕至後魏時期才稱為〈捕亡律〉。其中篇目名稱亦有所改變，如北齊稱為〈捕斷律〉，後周稱〈逃捕律〉，隋代之後更改為〈捕亡律〉，唐代延續隋代亦稱為〈捕亡律〉。從各朝對於〈捕亡律〉篇名的修改看來，大致上皆與「捕」字有關，可看出〈捕亡律〉的基本法則與基層執法人員密切相關，尤其是在追捕、傳喚罪人的過程中，法律條文都有詳細的規定，並且配合其他法規等行政程序，以建立完善的緝捕組織，可知「捕亡」制度的建立延續已久。

一、先秦時期

　　關於捕亡制度的建立，戴炎輝於〈捕亡律〉指出：「本編主要為不使罪人逃避刑責，即保護國家刑政權之行使而設。」〔註4〕律令的制定有其重要性，更是維繫國家與社會秩序的依據。然而，捕亡制度的建立於先秦時期早已出現，商周時期的甲骨文記載，武丁時期追捕逃亡奴隸的過程，並使用許多殘酷的刑罰，禁止奴隸的逃亡。〔註5〕既然有追捕逃亡奴婢的事實，必定有緝捕犯罪人的法規，雖然於目前史料裡，尚未發現相關緝捕犯罪人的記載，但可推測應當有「緝捕」一職，先秦時期應當有捕亡制度的存在，可能在制度層

〔註1〕　（唐）長孫無忌，《唐律疏議‧捕亡律》卷28，《疏》，頁525。
〔註2〕　（唐）長孫無忌，《唐律疏議‧名例律》卷1，《疏》，頁2。
〔註3〕　張家山二四七號漢簡竹簡整理小組，《張家山漢墓竹簡》（二四七號墓），北京：文物出版社，2006。
〔註4〕　戴炎輝，《唐律各論（下）》（臺北：成文出版社，1988），頁723。
〔註5〕　張功，《秦漢逃亡犯罪研究》（武漢：湖北人民出版社，2006），頁16～17。

面的執行與落實上，尚未完善與成熟。此外，關於商代的情形，《尚書・周書・武成第五》記載：「（紂）爲天下逋逃主，萃淵藪。」〔註6〕孔穎達對此解釋，「逋亦逃也，故以爲亡。罪人逃亡，而紂爲魁主、魁首也，言受用逃亡者與之爲魁首，爲主人萃訓聚也。」〔註7〕此處所言「逋逃」即罪人逃亡，商末紂王因籠絡這些品行不佳之逃亡人口，而招致國家滅亡，可知商代的逃亡問題。關於商代的逃亡現象，《漢書・董仲舒傳》指出：

> 至於殷紂，逆天暴物，殺戮賢知，殘賊百姓。伯夷、太公皆當世賢
> 者，隱處而不爲臣。守職之人皆奔走逃亡，入于河海。天下耗亂，
> 萬民不安，故天下去殷而從周。〔註8〕

從董仲舒對於商紂王的論述裡，可看出紂王治理不周的後果，即「守職之人皆奔走逃亡，入于河海」，造成當時許多職守於旁的賢者紛紛逃走他地，先秦時期的逃亡現象可能因君王治理態度，造成身邊賢者與能者背離逃亡的情形。從上述史料的記載中，可知一國的興衰與否，將決定整個國家體制的運作，若中央無法完全控管全國，勢必造成國家制度實踐上的困難性，相對於捕亡制度的執行層面，肯定受到極大的影響。其中人心的背離，更是緝捕行政工作上所無法全面掌握的問題，這些中央的賢臣或要吏並非犯罪而亡，乃因國家政局不穩，所造成的逃亡現象。

到了春秋戰國時期，逃亡人口大多爲政治犯、軍事犯罪者居多，可能受到政治迫害等可能因素，造成舉家逃亡的現象；或是戰爭頻繁，軍民不堪其擾，出現逃兵役等狀況。其中亦包含民眾逃亡，大多因爲國家之間的戰爭頻繁，造成人民流離失所，未能保有安全的居住地。〔註9〕對於先秦時期存在的逃亡現象，因史料有限，所能呈現的逃亡狀況大多以政治官員逃亡居多，或是國家情勢不穩所造成的百姓逃亡，至於一般犯罪人的狀況，史料中並未說明，但可推測先秦時期的逃亡現象，必定有負責追捕工作的人員。唐人房玄齡於《晉書・刑法志》，就先秦時期之捕亡一事有言：「悝撰次諸國法，著《法經》。以爲王者之政，莫急於盜賊，故其律始於盜賊。盜賊須劾捕，故著網、

〔註6〕　（唐）孔穎達，《附釋音尚書注疏第十一》（出自（清）阮元、盧宣旬，《重刊宋本十三經注疏附校勘記》，清嘉慶廿年（1815）江西南昌府學據儀徵阮氏文選樓藏宋本重校刊本），《尚書・周書・武成第五》，頁162-1。

〔註7〕　（唐）孔穎達，《附釋音尚書注疏第十一》，〈周書・武成第五〉，頁162-1。

〔註8〕　（漢）班固等撰，《漢書・董仲舒傳》（臺北：鼎文書局，1986），卷56，頁2509。

〔註9〕　張功，《秦漢逃亡犯罪研究》，頁17～35。

捕二篇。」〔註 10〕雖然捕亡制度尚未完善，但對於追捕一事，應當有相關的官府人員與機構負責，以維護良好的社會秩序。

　　關於先秦時期的捕亡機構，因史料有限，無法完全得知其大概樣貌，但可推測應由地方組織負責，至於其組織尚屬未成熟之狀態，可能是由當地有勢力者與人民所組成，維護當地的社會秩序。傳說中黃帝之子少昊即位後，設立「司寇」一職，由爽鳩氏擔任，負責賊盜一事。〔註 11〕至虞舜天下之時，設有六官，主天地四時，其中「皋繇作士，正五刑」，〔註 12〕法律約束力的出現，顯示緝捕工作的出現甚早，雖然沒有明文規定其內容，更無法從史料當中得知當時的執行內容，但從相關執掌人員及制定法律的脈絡看來，應當具有捕捉逃亡者或罪犯之雛形。加上此時期大多為部落組織的形式，無法有效且全面控管整體，但透過追捕社會上的不法者，並以維持秩序之概念為基礎，維護部落組織內良好的社會秩序。此後夏商周之相關組織，大致延續前朝，「唐虞之時，士官以正五刑。周禮秋官，大司寇掌邦之三典，以佐王刑邦國，蓋其任也」。〔註 13〕可見先秦時期緝捕工作與法律有關，司寇本具有掌緝捕賊盜的責任，加上法律所賦予的權力，將兩者結合為一，透過國家力量執行社會秩序的維護，這樣的執法精神亦繼續影響後代。

　　至春秋戰國時期，「縣」單位的出現與確立，漸已形成地方行政制度，〔註 14〕其下設有縣尉主管縣內軍務，並監督役卒服役，設司空管理工程與設施，同時分管刑徒，亦包含縣衙官吏等人。縣下有鄉和里，鄉由三老負責獄訟、稅收和捕盜；里有里典，負責民間治安，戰國時期又增設亭。〔註 15〕春秋戰國時期對於縣的設置，擴展國家政權行使力的範圍，對於當地治安與社會秩序的管理更加完善。此外，鄉里制度的出現，也增進了地方政治的管理，由三老和里典負責捕盜，推測此時期的捕亡工作，由鄉里負責之後，再交由地方審理，可看出捕亡制度之雛形。

〔註 10〕　（唐）房玄齡等撰，《晉書・刑法志》（臺北：鼎文書局，1980），卷 30，頁922。

〔註 11〕　（唐）杜佑，《通典・職官典》（北京：中華書局，1988），卷 19，〈職官一・歷代官制總序〉，頁 463。

〔註 12〕　（唐）杜佑，《通典・職官典》，卷 19，〈職官一・歷代官制總序〉，頁 465。

〔註 13〕　（唐）杜佑，《通典・職官典》，卷 23，〈職官五・刑部・尚書〉，頁 643。

〔註 14〕　廖從雲，《中國歷代縣制考》（臺北：臺灣中華書局，1969），頁 1～19。

〔註 15〕　張晉藩，《中國官制史》（北京：中國人民出版社，1992），頁 81。

二、秦漢時期

秦漢時期的捕亡制度更加完善，秦代的基層行政組織爲里，由主管人員負責當地的治安等相關事務，《法律問答》記載里正對於里內治安負有責任，里典上報相關司法機構，並且協助辦案。查封犯罪里人的財物，也由里典出面協助、作證、看守。逃亡是各種犯罪的衍生物，維護鄉里治安的職能，亦發揮著控制逃亡犯罪的作用。〔註16〕關於秦代的訴訟程序，由官吏或百姓向司法機構提出糾舉犯罪，《睡虎地秦墓竹簡‧封診式》所載盜馬、群盜、賊死、等訴訟案件，由里典等基層人員負責巡視里內的治安狀況，並及時向官司提出告訴，再由緝捕者追捕罪人到案說明。〔註17〕其中〈封診式〉之「亡自出」載有避役而逃亡者的自首供詞與審判紀錄，〔註18〕又〈□捕〉另有說明緝捕殺人犯的相關案例，〔註19〕秦代緝捕者沒有限定的行政人員，即使是路人或罪犯都有緝捕罪犯歸案的權力，而這種的緝捕方式亦延續到唐代，路人、旁人必要之時須即時緝捕罪犯，協助官府執行司法審判的效率。《睡虎地秦墓竹簡‧封診式》記載許多秦代的法律訴訟案件，其中逃亡問題、蒐證、審判等行政程序，都有詳細的史料紀錄，更可看出捕亡制度漸趨於完善的可能性，其中與法律之間的連結性，更是不可忽視。

在漢代，《二年律令》中的〈捕律〉、〈亡律〉即追捕罪人的法規。一旦有群盜及盜賊殺傷人案件發生，則案發所在的「縣」必須確實掌握盜賊行蹤，並當急速派遣足夠的吏員進行追捕。若官員隱匿盜賊動態而未向「縣廷」稟告，或延遲告知縣廷以致未能逮獲盜賊者，官員就必須承受「鞫獄故縱」的罪責。〔註20〕對於刑事訴訟被告，如普通犯人，官府接到告劾，即可逮捕。若貴族官僚犯罪，需要逮捕時，得先奏請皇帝，即所謂「有罪先請」，以示其

〔註16〕 張功，《秦漢逃亡犯罪研究》，頁226。

〔註17〕 葉孝信，《中國法制史》（上海：復旦大學出版社，2008，第二版），頁87～88。

〔註18〕 《睡虎地秦墓竹簡》（丙辰年戊午年合刊本，臺北：里仁書局，1981），〈封診式‧亡自出〉，頁538～539。原文：「鄉某爰書：男子甲自詣，辭曰：『士五（伍），居某裡，以迺二月不識日去亡，毋（無）它坐，今來自出。』問之□名事定，以二月丙子將陽亡，三月中逋築宮廿日，四年三月丁未籍一亡五月十日，毋（無）它坐，莫覆問。以甲獻典乙相診，今令乙將之詣論，敢言之」。

〔註19〕 《睡虎地秦墓竹簡》，〈封診式‧□捕〉，頁515。原文：「爰書：男子甲縛詣男子丙，辭曰：『甲故士五（伍），居某里，迺四月中盜牛，去亡以命。丙坐賊人□命。自晝甲見丙陰市庸中，而捕以來自出。甲毋（無）它坐。』」。

〔註20〕 林文慶，〈張家山漢簡《二年律令‧捕律》初探〉，第三屆簡帛學術討論會會議論文，2005年5月18～19日。

身分特殊。對於民事訴訟被告者，一般不予逮捕，採用「德化」和解的辦法，以息事寧人。〔註21〕關於緝捕工作的組織與人員，基層行政官員有：縣令、縣丞、縣尉，以及官嗇夫、尉史、求盜、士吏。令、丞、尉均爲縣長吏，縣尉更是以案察姦宄、逐捕盜賊爲務。游徼爲管理鄉里治安的主要官員，其職責爲追捕盜賊、逃亡犯罪者，維持鄉里治安，〔註22〕他們通常都具備一定的軍事才能，與亭長相同，皆須習五兵。秦漢時期尚有「亭」的設置，大多爲負責當地治安管理。〔註23〕《後漢書・百官志五》有載：「亭有亭長，以禁盜賊。里有里魁，民有什伍，善惡以告。」〔註24〕亭長主要負責追捕盜賊的工作，里正等基層人員主要負責鄉里的管理，如有案件發生時，須馬上通報。

　　此外，漢代捕捉盜賊的人員若有失職、未能捕捉罪人，亦須負擔相關的法律責任，於《二年律令・捕律》載：

> 群盜殺傷人、賊殺傷人、強盜，即發縣道，縣道亟爲發吏徒足以追捕之，尉分將，令兼將，亟詣盜賊發及之所，以窮追捕之，毋敢□界而環（還）。吏將徒，追求盜賊，必伍之，盜賊以短兵殺傷其將及伍人，而弗能捕得，皆戍邊二歲。卅日中能得其半以上，盡除其罪；得不能半，得者獨除；死事者，置後如律。大痍臂臑股胻，或誅斬，除。與盜賊遇而去北，及力足以追逮捕之⌐而官⌐□□□□逐留畏耎弗敢就，奪其將爵一絡〈級〉，免之，毋爵者戍邊二歲；⌐而罰其所將⌐吏徒以卒戍邊各一歲⌐。興吏徒追盜賊，已受令而逋，以畏耎論之。
>
> 〔註25〕

史料記載關於強盜、殺人的犯罪人，須立即「發吏徒足以追捕之」，由縣尉分派人員予以追捕，所謂「吏徒」即緝捕者。其中「尉分將，令兼將」，縣尉負責率領緝捕者，爲緝捕組織的將領，而縣令爲兼任將領，緝捕者至盜賊出沒之處執行任務，不可有任何耽擱。若在追捕的過程中，與罪人有武力對抗時，或被罪人所傷而未能捕捉，則戍邊二年。另外，捕者會依其追捕期限與罪犯人數的狀況，而處以不同的法律規範。若是有能力追捕到罪人，緝捕者卻逐

〔註21〕張晉藩，《中國法制史》（臺北：五南圖書出版社，1992），頁179。

〔註22〕游徼掌徼循，禁司姦盜。參見（劉宋）范曄，《後漢書・百官志五》（臺北：鼎文書局，1981），卷28，〈縣鄉〉，頁3623。

〔註23〕張功，《秦漢逃亡犯罪研究》，頁221～239。

〔註24〕（劉宋）范曄，《後漢書・百官志五》，卷28，〈亭里〉，頁3624～3625。

〔註25〕張家山二四七號漢簡竹簡整理小組，《張家山漢墓竹簡》〔二四七號墓〕（北京：文物出版社，2006），頁27～28。

留不前或未能捕捉到案，則有爵者奪其爵一級，無爵者戍邊二年。其次則是對於縣令、縣尉能主動察覺、追捕盜賊，以及舉發所屬未盡察覺盜賊之力。〔註26〕可見在漢代的規定之下，捕者必須負擔極大的責任，且失職者必須處以刑罰，基層人員的追捕工作有期限的壓力，若未能於期限內緝捕罪犯歸案，更須擔負法律責任，嚴懲不力的緝捕者。漢代透過對於緝捕人員的相關法規，以建立完備且具行政效力的捕亡制度。秦漢時期隨著法律制度的確立，對於追捕工作的管理與組織也更加完整，漢代的《二年律令》更記錄許多對於逃亡犯罪者的處理，以及緝捕人員應當具備的職責等規定，更顯示出捕亡制度在秦漢時期已奠定基礎，以致後代能延續下去，經過各朝代的演變之後，也使得捕亡制度更加完備。

三、魏晉南北朝至隋朝時期

　　魏晉南北朝時期，基本沿用漢代的制度，結合地方司法機構與行政機構。魏晉時，死罪重囚，縣審判之後，必須上報郡，由郡守派都郵驗案後即執行。〔註27〕在縣級部分，均設置縣尉，主要負責維護社會秩序，緝捕盜賊。〔註28〕對於晉縣行政人員，《通典‧職官典》：「晉縣有主簿，功曹，廷掾，法曹、金、倉、賊曹掾，兵曹、賊捕掾等員。」〔註29〕可知此時期的緝捕工作更加分工化，由相關執掌人員負責緝捕一事，此制度主要根據秦漢時期的規制而來，據《唐六典》載：「後漢置尉，大縣二人，小縣一人，主捕盜賊。三國、晉、宋之後並因之。」〔註30〕魏晉南北朝時期的緝捕工作，由地方行政組織之縣尉負責行政事務，並派遣官府的緝捕者予以追捕，這樣的制度承襲於漢代。縣中亦包含游徼、法曹門干、金倉賊曹掾兵、兵曹史、獄小史、獄門亭長、都亭長、賊捕掾等，都是與當地治安管理有關的官吏。縣之下設有鄉、里、亭之行政組織，專職治安管理。魏晉時期戰亂頻繁，民間甚至自組塢堡維護治安。若地方各級長官失職，輕者免官，重則誅斬。〔註31〕

〔註26〕 林文慶，〈張家山漢簡《二年律令‧捕律》初探〉，第三屆簡帛學術討論會會議論文，2005 年 5 月 18～19 日。

〔註27〕 張晉藩，《中國法制史》，頁 225。

〔註28〕 王鍾杰，《唐宋縣尉研究》（河北：河北大學出版社，2009），頁 10～11。

〔註29〕 （唐）杜佑，《通典‧職官典》，卷 33，〈職官十五‧州郡下‧縣佐〉，頁 920。

〔註30〕 （唐）李林甫，《唐六典》（北京：中華書局，1992），卷 30，〈三府督護州縣官吏〉，頁 751。

〔註31〕 朱紹侯，《中國古代治安制度史》（河南：河南大學出版社，1994），頁 251～252。

　　魏晉時期相當重視軍隊的控制，並透過軍隊力量平定盜賊之亂，如代人
奚斤面對盜亂四起的問題，利用軍隊力量彌平盜亂。《魏書‧奚斤傳》：「車駕
還京師，博陵、勃海、章武諸郡，羣盜並起，所在屯聚，拒害長吏。斤與略
陽公元遵等率山東諸軍討平之。」〔註32〕此外，若有士兵逃亡，可能罪及妻
兒，會處以死刑或收爲官奴婢。〔註33〕南北朝時期對於治安的管理有以下幾
點：一爲整理戶籍，搜檢逃亡隱戶；二爲鎮壓武裝變亂，維護地方統治；三
爲懲治盜賊，檢舉違法；四爲刑獄斷罪，處理司法案件。地方治安的好壞與
當地豪強有關，且上級官員可檢舉懲惡下級官員。〔註34〕由上述可知，秦漢
時期所建立的治安管理制度，一直延續到魏晉南北朝，在行政組織方面略同，
且具有完善的捕亡制度。雖然從魏晉南北朝的史料中，無「捕亡」相關的律
文記載，但從秦漢時期建立的捕亡制度看來，可推測魏晉南北朝時期應當也
有捕亡制度的存在，而這樣的制度將繼續影響到隋唐時期，也確立了唐代捕
亡制度的建立與成熟。

　　隋代主要沿襲前朝法律，《通志》對此記載：「開皇元年（581），轉率更
令，詔與蘇威等，修定律令，政採魏晉刑典，下至齊梁，沿革輕重，取其折
衷，同撰著者十有餘人。」〔註35〕隋代主要根據魏晉南北朝的法典，將其修
訂改編，制定成《開皇律》。隋文帝召蘇威、牛弘等更定新律，凡十二卷，〈捕
亡律〉爲第十一篇。隋煬帝即位後，以文帝禁網深刻，又敕修律令，是爲《大
業律》，凡十八篇，〈捕亡律〉爲第十二篇。〔註36〕從隋代〈捕亡律〉的制定
看來，唐代主要沿襲隋代而來，並將篇名固定爲〈捕亡〉，確立完整的律令
制度。關於緝捕的人員與組織，地方基層組織主要爲縣，「大縣爲令，小縣
爲長，皆置丞、尉。……郡縣吏有書僮，有武吏，有醫，有迎新、送故等員。
亦各因其大小而置焉。」〔註37〕其中縣尉主要職責爲捕盜，維持當地的社會
秩序，而史料所載「武吏」，應當是協助捕捉盜賊的緝捕者，屬於官府的衙
役。

〔註32〕　（北齊）魏收，《魏書‧奚斤傳》（臺北：鼎文書局，1980），卷29，頁697。
〔註33〕　朱紹侯，《中國古代治安制度史》，頁215。
〔註34〕　朱紹侯，《中國古代治安制度史》，頁316～322。
〔註35〕　（宋）鄭樵，《通志》（臺北：臺灣商務印書館，1987），卷163，〈隋四‧裴政〉，
　　　　　頁2638-2。
〔註36〕　（唐）杜佑，《通典‧刑法典》，卷164，〈刑法二‧刑制中‧隋〉，頁4232～
　　　　　4233。
〔註37〕　（唐）魏徵，《隋書‧百官志上》（臺北：鼎文書局，1980），卷26，頁729。

在基層組織中，北魏孝文帝太和十年（486）行「三長制」，規定五家立一鄰長，五鄰立一里長，五里立一黨長。〔註38〕隋代延續北魏地方制度，更為五家為一保，五保為一閭，四閭為一族，另分別設置保長、閭正、族正，〔註39〕為了防止民家詐稱老小以逃避徭役負擔，隋代賦予基層人員監督檢查的工作，並進行戶口普查，維持治安秩序。隋煬帝後期政局不穩，百姓勞苦，為了逃避沈重的兵役、徭役，因而逃亡或相聚反叛，〔註40〕如《隋書·帝紀三》載：「于時遼東戰士及餽運者填咽於道，晝夜不絕，苦役者始為羣盜。……勑都尉、鷹揚與郡縣相知追捕，隨獲斬決之。」〔註41〕遼東地區的戰士與苦役者，因不堪兵役、勞役之苦，加上政局的混亂，竟相聚成群盜，官府派遣地方都尉、郡縣等予以追捕，並處決違法者，可看出隋末的混亂，使其在執行追捕工作之時，於特定時機甚至不須移送官衙審理，由緝捕者捉獲後立即處置。以上史料雖然只提到遼東地區的盜亂狀況，但由此可知隋代的捕亡制度主要以地方基層行政單位為主，當出現逃亡者或犯罪者時，官方單位須派遣官吏追捕，但其追捕工作的執行，也會隨著政局的變化而有所不同。隋代捕亡制度的建立，繼續延伸至唐代，尤以《唐律》面貌的全面呈現，法律條文結合捕亡制度，使整個組織與制度能更加完善。

第二節　緝捕組織與人員

唐代緝捕組織的建立，與《唐律》密切相關，法律是國家意志最直接的體現，中央頒布律法以約束天下百姓，從而維護與確保安全而有秩序的社會。關於唐代法律的制定，唐高祖根據唐初社會的實際狀況，參照隋律，制定《武德律》十二篇。唐太宗即位後，命房玄齡、長孫無忌等人修改《武德律》，完成《貞觀律》，凡十二篇。至唐高宗時期，以《武德律》與《貞觀律》為基礎，由長孫無忌等人進行編撰，即《永徽律》凡十二篇。〈捕亡律〉為第十一篇，共十八條，主要為將吏追捕犯人，從軍征逃亡等法律規定。〔註42〕從隋代至唐代，皆有〈捕亡律〉之篇名，其質在於「若有逃亡，恐其滋蔓，故須捕繫，

〔註38〕　（唐）杜佑，《通典·食貨典》，卷3，〈食貨三·鄉黨·後魏〉，頁61。
〔註39〕　（唐）杜佑，《通典·食貨典》，卷3，〈食貨三·鄉黨·隋〉，頁63。
〔註40〕　朱紹侯，《中國古代治安制度史》，頁352～358。
〔註41〕　（唐）魏徵，《隋書·帝紀三》，卷3，〈煬帝·大業七年〉，頁76。
〔註42〕　（唐）杜佑，《通典·刑法典》，卷165，〈刑法三·刑制下·大唐〉，頁4243～4244。張晉藩，《中國法制史》，頁243～248。

以實疏網」，〔註43〕而〈捕亡律〉的制定更確立了捕亡制度的完善，並能有效控制唐代社會秩序的維護與國家體制的運作。本節主要探討唐代捕亡制度的組織架構與相關執法人員，並藉此審視唐代捕亡制度對社會秩序的影響與重要性。

一、緝捕組織

唐代緝捕組織與司法單位密切相關，通常由當事人向當地官府提出告訴後，再派遣緝捕者追捕案件嫌疑人或證人，移送至官府審理，而這一完整體系的司法機構與訴訟程序，使唐代捕亡制度的建立更加完備且組織化。唐代最高的行政司法機構為刑部，由刑部尚書統管都官、刑部、比部、司門四曹，〔註44〕副長官為刑部侍郎。另有最高司法機構為大理寺，掌折獄、詳刑，凡罪抵流、死，皆上刑部，覆於中書、門下。〔註45〕又《新唐書》載：「凡鞫大獄，以尚書刑部侍郎與御史中丞、大理卿為三司使」。〔註46〕憑皇帝詔敕臨時組成的辦案機構，由皇帝下詔，限定人選，臨時組成，事畢即罷。它不受其他司法及行政部門統轄，具有拘留、逮捕、偵查、審訊、斷案、定罪等一切司法大權。〔註47〕此處「三司」為刑部、大理寺、御史台的代稱，唐代以常設的三司受理上訴為主，亦有臨時組成的三司使審理特殊案件。〔註48〕唐代中央的司法單位為執法的核心，對於較為嚴重的案件，經由地方司法機構審理之後，再交由中央審查並處理，此為唐代中央與地方司法組織的連結性與內部架構，每個環節都是密切相關。至於唐代捕亡制度的執行，主要交由地方行政機構負責，他們擁有完整的戶籍，以及案件證據、嫌疑人等相關資料，對於追捕罪人的工作也較為清楚，顯示出唐代的緝捕組織由中央到地方皆息息相關。

唐代地方基層行政組織，依其等級可分為：三府、州、縣，另於特定區域設置都督府或都護府。三府為京兆府、河南府、太原府；州可分為上州、中州、下州；縣有京縣、畿縣、縣。至於都督府有大都督府、中都督、下都督；都護府為大都護、上都護府等。〔註49〕關於唐代捕亡制度的組織，主要

〔註43〕 （唐）長孫無忌、劉俊文點校，《唐律疏議・捕亡律》卷28，《疏》，頁525。
〔註44〕 （唐）杜佑，《通典・職官典》，卷23，〈職官志五・尚書下・刑部〉，頁644。
〔註45〕 （宋）歐陽修，《新唐書・百官志三》，卷48，〈大理寺〉，頁1256。
〔註46〕 （宋）歐陽修，《新唐書・百官志一》，卷46，〈尚書省・刑部〉，頁1199。
〔註47〕 張晉藩，《中國法制史》，頁340。
〔註48〕 劉俊文，《唐代法制研究》（臺北：文津出版社，1999），頁241～247。
〔註49〕 （唐）李林甫，《唐六典》，卷30，〈三府督護府州縣官吏〉，頁740。

由地方州縣負責，可分成以下幾個層級：首先爲京兆、河南、太原三府，此三府爲唐代重要京城，亦是政治、經濟的中心，擁有大量的人口，因此在行政組織上比州縣更高一級。至於緝捕的組織，如京兆府之京兆尹統籌整個緝捕事務，負擔當地治安與司法，〔註50〕其下設有「法曹參軍事」二人。此外，大都督府設有法曹參軍事二人、中都督府設有一人、下都督府設一人及大都護府設有一人，較大之京城、都督府與都護府皆設有法曹參軍事，又可稱爲「法曹」。《唐六典》載：「法曹、司法參軍掌律、令、格、式，鞫獄定刑，督捕盜賊，糺逖姦非之事，以究其情僞，而制其文法。赦從重而罰從輕，使人知所避而遷善遠罪。」〔註51〕法曹主要管理司法訴訟案件的審理，並且負有監督追捕盜賊的責任，他們大多不須親自出陣執行追捕工作，不過也有少數史料記載法曹行緝捕的工作。〔註52〕至於緝捕一事，筆者認爲主要仍是交由縣級單位負責，法曹之職爲監督追捕的工作。關於縣級單位的掌管內容，《唐六典》對此記載：

> 京畿及天下諸縣令之職，皆掌導揚風化，撫字黎氓，敦四人之業，崇五土之利，養鰥寡，恤孤窮，審察冤屈，躬親獄訟，務知百姓之疾苦。所管之戶，量其資産，類其強弱，定爲九等。其戶皆三年一定，以入籍帳。若五九、三疾及中、丁多少，貧富強弱，蟲霜旱潦，年收耗實，過貌形狀及差科簿，皆親自注定，務均齊焉。……若籍帳、傳驛、倉庫、盜賊、河隄、道路，雖有專當官，皆縣令兼綜焉。〔註53〕

〔註50〕 就唐代京兆府而言，此處爲國防治安之重心，雖然唐中央於此設有諸衛警備，但治安事務中京兆尹最重要的就是維持京兆安寧，如高宗時的蘇良嗣、憲宗時的李鄘，皆以緝盜聞名。關於唐代京兆尹之研究，可參考張榮芳《唐代京兆尹研究》（臺北：臺灣學生書局，民76），頁30～32。長安城內，除京兆尹與長安、萬年二縣負責治安的維持，尚有殿中侍御史任左右巡，左右金吾衛中郎將任左右街使，掌管城內巡察警衛。參見徐蘋芳〈唐代兩京的政治、經濟和文化生活〉，收錄於《中國社會經濟史參考文獻》（臺北：華世出版社，民73），頁496～497。

〔註51〕 （唐）李林甫，《唐六典》，卷30，〈三府督護府州縣官吏〉，頁741～742。

〔註52〕 夏炎，《唐代州級官府與地域社會》（天津：天津古籍出版社，2010），頁129～136。夏炎根據吐魯番出土文書所載：「法曹符，爲許獻之奴磨語等逃走，差人捕捉事。」及「☐☐法曹符，爲公主寺婢逃走事。」認爲法曹有捕捉逃亡奴婢之職，但筆者認爲主要的緝捕工作仍由縣級單位負責，州級單位則是監督緝捕或傳遞上級命令的工作。

〔註53〕 （唐）李林甫，《唐六典》卷30，〈三府督護府州縣官吏〉，頁753。

諸州之下設有縣，縣令負責一縣的事務，其中上述之戶籍制度，與捕亡制度之執行有關，尤其是在追捕罪人時，緝捕者皆須利用地方所載基本資料查核，如嫌疑人相貌、特徵、年齡、性別、身分等，一一查對完畢後，才可將罪人緝捕歸案，故戶籍的健全與完善，有助於捕亡制度的執行效力。而縣級單位就具有這樣的特色，「過貌形狀及差科簿，皆親自注定，務均齊焉」。不論是逃役、逃亡戶口、逃兵役、逃亡奴婢或是一般犯罪人，緝捕者須按照戶籍資料的內容，即能追捕罪人到案。

　　縣為主要的組織，可分為京縣、畿縣、上縣、中縣和下縣，由於縣規模不同，其所設置的縣尉及其他行政人員編制和級別也有所差異。〔註 54〕縣令雖然掌管相當多的事務，但是主要由縣尉負責捕盜一事。唐代根據縣之大小，設置不同的縣尉人數，如赤縣設縣尉六人、畿縣設有二人、上縣設縣尉二人、中縣與下縣皆設縣尉一人。〔註 55〕縣級機構設戶曹、法曹分掌縣尉之職，唐代縣尉人數隨其縣之大小，分別設立不同的人數。主要職責為司法捕盜、負責審理案件、法外用刑、徵收賦稅之財務功能。唐代各級地方官吏和鄉、里、村、坊長吏等，都可拘捕罪犯。負責逮捕的官吏稱為「捕賊官」和「捉事所由」，而捕賊官就是縣尉。〔註 56〕關於縣尉一職《唐會要》云：

> 其兩府司錄及尉，知捕賊盜，皆藉幹能，用差專任。吏部所注，或慮與事稍乖。自今已後，京兆府及河南府司錄及尉，知捕賊盜，據官資合入者充。〔註 57〕

縣尉的選取相當重要，因其職為捕捉盜賊、罪人、逃亡者等，皆須相當的武力才能順利完成任務。在唐代，較大的縣級單位，通常會有兩位以上的縣尉，此時縣尉之職責可分為兩類，第一類為專管官吏、學校、戶籍，又可稱為「司戶尉」；第二類為管理兵、法事務。第二類的縣尉又可稱為「捕賊官」、「捕賊尉」，牽涉到捕捉盜賊的差事，工作內容較為不易，其地位略低於第一類的「司戶尉」。〔註 58〕就《唐會要》所載「知捕賊盜，皆藉幹能，用差專任」，此處縣尉具有捕盜的職責，且屬於專任性質，應當就是「捕賊尉」。若較小的縣，

〔註 54〕王鍾杰，《唐宋縣尉研究》，頁 15～21。

〔註 55〕（唐）李林甫，《唐六典》，卷 30，〈三府督護府州縣官吏〉，頁 752～753。

〔註 56〕陳登武，《從人間世到幽冥界——唐代的法制、社會與國家》（臺北：五南圖書出版公司，2006），頁 63～69。

〔註 57〕（宋）王溥，《唐會要》（北京：中華書局，1990），卷 75，〈選部下·雜處置〉，頁 1367。

〔註 58〕賴瑞和，《唐代基層文官》（北京：中華書局，2008），頁 138～145。

通常只有一名縣尉，那麼他必須掌管一縣之內的行政事務，亦包含捕盜賊一事。由此可看出唐代縣尉的職責與捕亡制度之間的關係，以及整個組織的運作模式。

　　除了縣級單位之外，為了使捕亡制度的運作更加組織化，且具有行政效力，縣級單位亦會配合鄉、里、村、坊等行政組織，以處理當地的社會秩序與問題。縣之下的基層組織為鄉，是為鄉正；百戶為里，里有里正；里下有村，村有村正；城中設坊，坊正為長。凡地方上的一切事務由里正、村正、坊正進行調解與處理，若無法處決則交由縣負責。〔註59〕唐代捕亡制度的建立與地方組織密切相關，從中央到地方，再從地方到基層的鄉、里、村、坊，每個行政層級皆相互關聯，在緝捕罪人的過程中，這些縣、鄉、里等行政組織，佔有相當重要的地位，如果沒有他們的協助，對緝捕者而言是很難能順利捕獲罪人，如在《唐律》與《天聖・捕亡令》之復原唐令中，皆有說明唐代緝捕行政程序與地方行政組織之間的通報系統與協助，〔註60〕可看出唐代在緝捕工作與組織上的完備與系統化。

（圖一）　唐代的緝捕組織

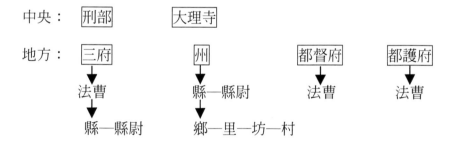

二、緝捕人員

　　對於緝捕者的身分定義，早在秦漢時期就有，如《二年律令》中的〈捕律〉，一旦有群盜及盜賊殺傷人案件發生，則案發所在的「縣」必須確實掌握盜賊行蹤，並當急速派遣足夠的吏員進行追捕。從秦漢到唐代，捕者大多屬於地方官吏，且以縣尉為主要首領，在律令中都有記載關於追捕的行政程序與法律問題。緝捕者屬於地方官吏，亦是中央與地方的重要連結，維繫著國

〔註59〕張晉藩，《中國法制史》，頁341～342。
〔註60〕可參考本文第三章第一節「緝捕的行政程序」，頁78。

家體制的運作與良好的社會秩序。唐代緝捕的執法人員，大多以縣級的縣尉負責，其職稱又可稱爲「捕賊官」，協助縣尉之執法人員，可稱爲「捕者」、「捉事所由」、「捕盜將」等。關於唐代縣尉的選取，《通典・選舉典》指出：

> 一經及第人，選日請授中縣尉之類；判入第三等及陰高，授上縣尉之類。兩經出身，授上縣尉之類；判入第三等及陰高，授緊縣尉之類。用陰止於此。其以上當以才進。四經出身，授緊縣尉之類；判入第三等，授望縣尉之類。五經，授望縣尉之類；判入第二等，授畿縣尉之類。明法出身，與兩經同資，進士及三禮舉、春秋舉，與四經同資。其茂才、秀才，請授畿尉之類。其宏才，請送詞策上中書門下，請授諫官、史官等。禮經舉人，若更通諸家禮論，及漢以來禮儀沿革者，請便授太常博士，茂才等三科，爲學既優，並準五經舉人，便授官。其雜色出身人，量書判，授中縣尉之類。判入第三等及陰高者，加一等。凡陰除解褐官外，不在用限。〔註61〕

唐代縣尉的選取大多取自科舉及第者，可見縣尉素質不差，具有一定的學術涵養，才能處理當地司法案件與緝捕罪人的工作。並依其科考的成績，分派至不同的行政單位，授予相應的縣尉職務。五經出身者，可授以縣尉一職，若爲明法出身或雜色出身人，則會依其素質、能力，分派相對的職務。唐代縣尉多爲明經、進士出身，藉由科舉方式選取可以提高縣府官員的素質，如白居易、溫庭筠、柳宗元等人，都曾當過縣尉。〔註62〕若就唐代的緝捕人員而言，中央對於地方的管理並無怠慢，所選取的人才大多爲科舉出身，具有相當的長才與辦事能力，可協助縣令處理地方事務。

唐代縣尉非單只是處理緝捕罪人的工作，通常一縣只有一尉，故縣尉幾乎負責縣內所有事務，而司法捕盜的職能是縣尉所負責的項目之一。唐代延續漢代，縣尉主追捕盜賊，若縣中設有多名縣尉，則可能有一名擔任捕賊的工作。〔註63〕偵查破案是縣尉的工作，遇有案件發生時，須對案情作出分析，蒐集證據，確定偵查方向和範圍，並將犯罪嫌疑人緝捕歸案。〔註64〕唐宋時期的縣尉對於當地治安管理的影響力甚大，如宋代張景於〈河南縣尉廳壁記〉

〔註61〕 （唐）杜佑，《通典・選舉典》，卷17，〈選舉五・大唐一・舉人條例〉，頁424。
〔註62〕 王鍾杰，《唐宋縣尉研究》，頁31～37。
〔註63〕 張玉興，《唐代縣官與地方社會研究》（天津：天津古籍出版社，2009），頁132～133。
〔註64〕 王鍾杰，《唐宋縣尉研究》，頁23。

載：〔註65〕

> 縣尉能禦盜，而不能使民不爲盜。盜賊息，非尉之能。盜賊繁，過
> 不在乎尉矣。上失其平，下苦其情，弱者困死，彊者偷生，道之常
> 也，豈樂盜哉。……故曰能與過，不在乎尉，在時政之得失爾。若
> 夫平鬬訟，懾兇狡，惟盜是禦者，尉之職也。苟失其人，則貪殘証
> 枉，民不勝弊，反甚於盜焉。今郡縣至廣，庸不知所得者幾何人哉。
> 太原王昭度字世範，登進士第，爲河南尉，尉之職，無所不舉焉，
> 然誠不足展世範之才，顧其所得，亦斯民幸矣。世範於景有舊，因
> 求記刻於廳壁，庶有信於後，於是乎書。〔註66〕

由上述可知，緝捕盜賊爲縣尉的職責，河南是屬於三府之一，史料記載王昭
度爲河南府縣尉一事，對於縣尉一職認爲：「尉之職，無所不舉焉，然誠不足
展世範之才」，似乎顯示出科舉進士出身的身分，卻只能擔任一縣之縣尉，有
無法伸展長才之憾。此外，地方盜賊的增加、治安的混亂，豈能怪罪於縣尉，
雖然負有維護當地社會秩序之重責大任，但是民生不濟，起而爲盜，又該如
何管理？故撰記者張景才會有此感觸，感嘆縣尉一職無法現長才，而又難以
管理當地的治安狀況，更見身爲縣尉的無奈。

　　唐代對於緝捕人員的稱呼很多，主要由縣尉擔任捕盜賊一職，故又可稱
爲「捕賊官」、「捕盜官」、「捕賊尉」。唐代戶部郎中王鉊，與故鴻臚少卿邢璹
子緯情密累年，緯潛構逆謀。唐玄宗得知後，「始令捕賊官捕之。萬年尉薛榮
先、長安尉賈季隣等捕之，逢鉊於化度寺門。」〔註67〕此處「捕賊官」即萬
年縣尉、長安縣尉，他們負責捕捉罪犯、逃亡者等。唐憲宗時期，河南尹職
在摘發奸盜，收擒不獲，致使漏網，下令：「其河南尹及本縣令捕賊官，宜各
罰一月俸料，其捕賊官至較考日，仍書下考。」〔註68〕此處涉及的官職爲河

〔註65〕　關於張景所撰之〈河南縣尉聽壁記〉，《全唐文》認爲是開元中御史，但根據
　　　　日本學者礪波護考證，認爲此處所述張景爲宋眞宗時期，活動時間爲西元970
　　　　～1018年。出自礪波護，〈唐代的縣尉〉，收錄於《日本學者研究中國史論著
　　　　選譯》第四卷（北京：中華書局，1992），頁580。
〔註66〕　（清）董誥，《全唐文》（北京：中華書局，1987），卷397，張景，〈河南縣尉
　　　　廳壁記〉，頁4055-1～4055-2。
〔註67〕　（後晉）劉昫，《舊唐書・王鉊傳》（臺北：鼎文書局，1981），卷105，頁3230
　　　　～3231。
〔註68〕　（宋）王欽若等撰，《冊府元龜・帝王部》（北京：中華書局，1994），卷153，
　　　　〈明罰二・憲宗・罰河南尹等俸料敕〉，頁1854-2。

南府尹、縣令、捕賊官即縣尉，因未能順利完成追捕盜賊，且大量罪人尚未捕捉到案，故負責單位必須受到行政的處罰，並列入考績，雖然追捕一職多由捕賊官負責，但其上司府尹與縣令亦須負擔行政責任。

又唐玄宗時期鄭昕爲鄆城尉，「州刺史移職，民之暴警者遮道留，昕誅殺六七人。採訪使奇之，言狀，擢北海尉。安祿山反，縣民孫俊驅市人以應，昕率眾擊殺之。改登州司馬。李光弼表爲武寧府判官，遷沂州刺史，諭降賊李浩五千人。終滁州刺史。」〔註69〕李勉爲開封縣尉，特善捕賊。〔註70〕由上所述可知，唐代縣尉本身具有官職，加上捕捉盜賊的工作，因此稱爲「捕賊官」。又學者賴瑞和認爲縣尉亦有「捕賊尉」、「賊曹尉」的稱呼，〔註71〕如《舊唐書》云：「（黎幹）既行，市里兒童數千人譟聚，懷瓦礫投擊之，捕賊尉不能止，遂皆賜死於藍田驛。」〔註72〕上述之「捕賊尉」即縣尉，他亦負責縣內治安秩序，雖有兒童吵雜、丟瓦石，但是捕賊尉面對千人的陣仗也無可奈何。又《舊唐書》載：「勸（朱）泚鋤翦宗室，以絕人望，命萬年縣賊曹尉楊儻專其斷決，諸王子孫遇害不可勝數。」〔註73〕所引之史料中，皆有「捕賊尉」、「賊曹尉」的稱呼，可見唐代對於縣尉的名稱並非相當一致。

唐代縣尉是主要緝捕罪人的行政長官，關於縣尉的相關事務，學者賴瑞和指出縣尉雖主捕盜賊，但是真正執行者，不一定是縣尉本人，可由其下屬之吏卒負責。〔註74〕其下仍有設置許多胥吏，在《唐律》中稱這些緝捕者爲「捕者」或「捕罪人」。其他稱呼如捕盜將、捕賊小胥、捕盜者、捕吏、吏人、胥吏、捉差人、捉事所由、捉不良、不良人、游徼等職稱，以上皆爲唐代捉拿盜賊的差役，另有鄉正、里正、坊正、村正等基層行政人員協助緝捕工作，甚至交由軍人負責追捕罪人。縣尉其首要職責爲司法捕盜，而捕盜任務的執行則由其所統領之「不良人」負責，也就是指唐代官府中掌緝捕捉盜賊的吏卒。然而，縣尉亦會負責審理案件，並藉由對司法執行的職能，實行維護地方治安的作用。〔註75〕關於捉不良，《唐語林》記載：

〔註69〕（宋）歐陽修，《新唐書·鄭雲逵傳》，卷161，頁4983。

〔註70〕（宋）王讜，《唐語林校證》（北京：中華書局，1987），卷6，〈補遺·起德宗至文宗〉，頁545。

〔註71〕賴瑞和，《唐代基層文官》（北京：中華書局，2008），頁138～145。

〔註72〕（後晉）劉昫，《舊唐書·黎幹傳》，卷118，頁3426。

〔註73〕（後晉）劉昫，《舊唐書·原休傳》，卷127，頁3576。

〔註74〕賴瑞和，《唐代基層文官》，頁143～145。

〔註75〕張玉興，《唐代縣官與地方社會研究》，頁156～163。

李司徒勉爲開封縣尉，特善捕賊。時有不良試公之寬猛，乃潛納人賄，俾公知之。公召告吏卒曰：「有納其賄者，我皆知之。任公等自陳首，不得過三日，過則舁櫬相見。」其納賄不良故逾限，而忻然自齎其櫬。公令取石灰棘刺置於中，令不良入，命取釘釘之，送汴河訖，乃請見廉使，廉使嘆賞久之。後公爲大梁節度使，人問公曰：「今有官人如此，如何待之？」公曰：「即打腿。」〔註76〕

上述之李勉爲開封縣尉，〔註77〕「不良」又可稱爲「捉不良」、「不良人」，協助縣尉的緝捕者。又《折獄龜鑑》云：「唐中書舍人郭正一破平壤……敕令捕賊，鼎沸三日。長安萬年捉不良有主帥魏昶，請喚舍人家奴，取少年端正者三人，布衫籠頭。」〔註78〕唐朝的中書舍人郭正一攻破平壤，擄得一個高麗婢女之後，家中錢財與婢女同時消失，長安縣、萬年縣捉不良之主帥魏昶發現可疑之處，並進行搜宅，緝捕嫌疑人與蒐集證物。可知唐代緝捕者之組織人員，以基層地方行政機構爲主，縣尉爲緝捕官員，主導所有緝捕罪人的事務，再交由緝捕者進行追捕的工作，而捉不良即緝捕者之一。除了「不良人」的稱呼外，《新唐書》中也有提到「捕吏」一詞，主要乃指追捕罪犯的胥吏。唐穆宗時期江州刺史錢徽，於江州發現有盜劫貢船，並派遣捕吏取濱江惡少年二百人繫訊，錢徽按其枉，悉縱去。數日後，在舒州一處捕獲到眞正的盜賊。〔註79〕關於「捕吏」的稱呼，大多出現於宋以後之文獻，《舊唐書》內並無「捕吏」的記載，可推測應當由唐代「捕者」之稱延伸而來。

另有所謂「游徼」一職，亦是緝捕者之一，主要爲巡查緝捕盜賊之吏役，〔註80〕對此《太平廣記》引牛肅《紀聞》：

謂兩縣主盜官曰，兩日不得賊、死。尉謂吏卒游徼曰，一日必擒之，擒不得，先死。吏卒游徼懼，計無所出。衢中遇湖州別駕蘇無名，

〔註76〕（宋）王讜，《唐語林校證》，卷6，〈補遺·起德宗至文宗〉，頁545。

〔註77〕李勉幼勤經史，長而沉雅清峻，宗於虛玄，以近屬陪位，累授開封尉。時昇平日久，且汴州水陸所湊，邑居庞雜，號爲難理，勉與聯尉盧成軌等，並有擒姦摘伏之名。據《舊唐書》所載，推測李勉應當在唐肅宗至德初以前，擔任開封縣尉。（《舊唐書·李勉傳》，卷131，頁36330）。

〔註78〕（宋）鄭克著、劉俊文譯注，《折獄龜鑑譯注》（上海：上海古籍出版社，1988），卷7，〈迹盜·魏昶搜宅〉，頁406～407。

〔註79〕（宋）歐陽修，《新唐書·錢徽傳》，卷177，頁5272。

〔註80〕關於「游徼」一詞的解釋，乃根據（宋）鄭克著、劉俊文譯注，《折獄龜鑑譯注》，卷7，〈察盜·蘇無名獲盜〉，頁407。

相與請之至縣，游徼白尉，得盜物者來矣。〔註81〕

上述史料所提到的「吏卒」、「游徼」皆為緝捕者，他們會協助縣尉處理相關司法案件。本案件為武后贈送太平公主的寶物被盜，武后一氣之下，召長史下令追捕盜賊，之後又通知「主盜官」即縣尉，再由縣尉下令交由緝捕者追捕，若無抓盜賊者，將處以死刑，可見緝捕者的職責相當重。此外，另有「捉事所由」或「捉差人」之稱，《吐魯番出土文書》，〈武周天授二年（691）知水人康進感等牒尾及西州倉曹下天山線追送唐建進妻兒鄰保牒〉：〔註82〕

（前缺）

牒件狀如前謹牒

倉曹

　唐建進

　　右件人前後准都督判，帖牒天山并

　　牒令陽懸，令捉差人領送，雖得縣

　　申及令通狀稱：追訪建進不獲。又

　　判牒縣令依前捉送。檢今未申，

　　奉都督處分，令追建進妻兒及

　　建進鄰保赴州，并牒縣，令依前捉

　　| 建進 |　　　　　　　　　|

（後缺）

上述唐建進為緝捕對象，由倉曹下令緝捕，並派遣「捉差人」進行追訪，但無捉獲到罪人，於是又移送至縣令負責，下令緝捕到案，而此處所言之「捉差人」亦是緝捕者。又有「捉事所由」，為捕賊官所率領的一批捕賊胥吏。〔註83〕

　　除了縣級緝捕者之外，亦包含鄉里的緝捕人員與軍人，《天聖・捕亡令》之復原唐令載：「諸有賊盜及被傷殺者，即告隨近官司、村坊、屯驛。聞告之處，率隨近軍人及夫，從發處尋蹤，登共追捕。」〔註84〕此處說明緝捕者身分界定

〔註81〕（宋）李昉，《太平廣記》（北京：中華書局，1995）引牛肅《紀聞》，卷171，〈精察一・蘇無名〉，頁1258。

〔註82〕國家文物局古文獻研究室等編，《吐魯番出土文書》（北京：文物出版社，1983）第八冊，〈武周天授二年知水人康進感等牒尾及西州倉曹下天山線追送唐建進妻兒鄰保牒〉，阿斯塔那230號墓，頁145～146。

〔註83〕陳登武，《從人間世到幽冥界──唐代的法制、社會與國家》，頁67～68。

〔註84〕天一閣博物館・中國社會科學院歷史研究所天聖令整理課題組，《天一閣藏明鈔本天聖令校證・唐令復原研究》之復原唐捕亡令2，頁550。

的問題，不單單限於縣府的執法人員，其中鄉、里、村、坊等基層人員，若有發現罪人、逃亡者之時，須立即告官追捕。〔註85〕軍人在案件爆發時，亦必須投入緝捕工作，若是盜賊之事，無須上報申牒，唐憲宗元和十三年（818）下詔曰：「諸司、諸軍、諸使，追府縣人吏所由及百姓等，比來府縣除賊盜外，所有推勘公事相關者，皆行公牒。」〔註86〕唐文宗大和元年（827）下詔神策軍協助緝捕一事，若有寇賊大量出沒，而府縣所縣至少，防制實難，則可藉由軍司，共為捕察。宜令左右神策，各差人與府縣計會，如有盜賊，同力追擒。〔註87〕若必要時可能要有旁人協助，唐律規定：「諸追捕罪人而力不能制，告道路行人，其行人力能助之而不助者，杖八十；勢不得助者，勿論。」〔註88〕人人皆有可能成為緝捕者，因為維護社會秩序是每個人的責任，唐代捕亡制度的確立與組織人員的結合，對於國家體制的運作與社會秩序的維護有很大的影響。

關於唐代緝捕者的訓練，設置所謂「教試之所」，以訓練素質良好的緝捕者。畢竟所面對的敵人，大多為凶悍狡猾的犯罪人或是逃亡者，緝捕者要相當機警、勇猛，因此有設立相關訓練所的必要，加強整個緝捕機構的完備。如李騭在〈徐襄州碑〉一文記載：

> 公乃選擇少壯官健三百人，別造營，各為捕盜將，常令教習，不雜抽差，訓練無時，以為備禦。每聞屬縣寇劫，當時據數抽行，晨往夕歸，夜發晨至，皆是并贓捉獲，更無孑遺，頓挫賊心，鄉閭遂泰。因創造捕盜將營屋四百間，分為左右，中間開報點集，列垛置標，別創一亭，以為教試之所。〔註89〕

〔註85〕 關於唐代的基層組織，其中唐代的伍保制即是代表，伍保功能包含查核戶籍、糾告逐捕盜賊等維護治安的工作，警政工作本來就需要靠民眾配合，由軍法連坐轉化而來的伍保制，擴張其連帶責任，以強調地方治安的維持與各方的合作效率。參考羅彤華，〈唐代的伍保制〉，《新史學》第8卷第3期（臺北，1997），頁101～106。

〔註86〕 （宋）王溥，《唐會要》，卷67，〈京兆尹〉，頁1187。

〔註87〕 （宋）王欽若等撰，《冊府元龜・帝王部》，卷65，〈發號令四・文宗・令神策軍與府縣協捕寇賊詔〉，頁723-2～724-1。原文：「如聞近日京城，頻有寇賊，府縣所縣至少，防制實難，須假軍司，共為捕察。宜令左右神策，各差人與府縣計會，如有盜賊，同力追擒。仍具所差人數姓名，并所配防界，牒報京兆府，應捕獲賊，並先送府縣推問」。

〔註88〕 （唐）長孫無忌，《唐律疏議・捕亡律》卷28，「道路行人不助捕罪人」（總454條），頁529。

〔註89〕 （宋）李昉，《文苑英華》（北京：中華書局，1966），卷870，〈德政二・徐襄州碑・李騭〉，頁6492-1～6492-2。

徐襄州即徐商，唐懿宗咸通五年（864）爲御史大夫，自始到襄州，共計六年。徐商到襄州後發現盜賊甚多，因此設置「試教之所」，招進三百壯士訓練，又稱爲「捕盜將」，徐商並爲他們建造營屋，每日召集勤加訓練，捕盜將主要負責追捕襄州賊盜，使當地治安能更加完善。此時江西叛將毛鶴構亂，韓季友請捕盜將官健三百人，遂半日內面縛賊將授首者十三人，當日行刑，傳首赴闕，韋宙遂奏請且留捕盜將二百人在江西。二年之中，重修置廨署城市，皆捕盜將功力。〔註90〕捕盜將的威力不可敵，當面臨數量龐大的盜賊，光靠州縣的縣尉所組之緝捕團隊實爲相當不足，唯有透過地方官吏主導訓練緝捕者，才能使緝捕過程能更加順利。

中央非常重視罪犯的緝捕與管理，爲了維持安定的社會秩序與國家體制的運作，不論是緝捕者還是罪犯，本身都帶有法律責任。緝捕者本爲正義的化身，將罪犯追捕到案，是他們重要的職責。若無法盡責，且有被買通之嫌，都須處以重刑懲戒。社會秩序的穩定與否，可決定於當地的司法訴訟與追捕效力，唯有如此才能有穩定的社會秩序。地方上安定，則國家才能安定。從這些緝捕組織與人員的探討中，可知緝捕者維繫著當地的治安、行政管理、法律執行效力等，實屬不可輕忽的重要人物。唐代捕亡制度的建立與組織，從各種行政、法律層面看來，實屬相當完善，不論是地方行政組織與司法的結合，或是追捕盜賊的人員等，都可看出唐代捕亡制度的系統化與組織性。

第三節　緝捕者的職責與規範

捕亡制度的建立，主要職責在於維護社會秩序與國家體制之運作，對於任何違法者或不利國家之行爲，皆會受到法律制裁，並且透過緝捕的方式，將違法者繩之以法。爲了建立良好的捕亡制度，中央藉由法律的約束力，管理所有的緝捕者及相關官吏，其主要職責與法律規範，使官方能有效管理整個捕亡制度的運作。其中凡因犯罪而破壞法律秩序者，不准其逃亡，緝捕者與人民各應盡職責，緝捕犯罪人。另有擅離其所在者，即逃亡罪，此乃因逃而得罪。追捕罪人爲緝捕者的職務，若不盡其職，或洩漏其事，將予以處罰。〔註91〕緝捕者是法律與社會秩序之間的聯繫者，更是國家統治全國的重要一

〔註90〕（宋）李昉，《文苑英華》，卷 870，〈德政二‧徐襄州碑‧李騭〉，頁 6492-1～6492-2。

〔註91〕戴炎輝，《唐律各論（下）》，頁 723～724。

環，他們負有重責大任，面對兇狠、奸詐的犯罪者或逃亡者，緝捕者往往需要極大的勇氣與毅力完成追捕的工作，本節主要探討緝捕者相關的工作內容，以及獎懲的規定等，從中分析緝捕者與社會秩序的關聯性。

一、緝捕者的工作內容

　　關於緝捕者的工作，主要由捕賊官與縣衙捕吏等人負責，其工作內容為緝捕賊盜及逃亡者、執行州縣刑獄機構的牒文命令、捕盜、捕賊、捕亡等相關任務，以維持地方上的治安，及國家各項制度的執行。關於緝捕盜賊之職，前文已有說明。緝捕者大多以縣尉為首，帶領縣衙的緝捕人員，組成緝捕小組，執行州縣衙的命令，如唐代元度擔任興平長安萬年尉時，其勇猛實力不可輕忽，元稹在《元氏長慶集》記載：「其在於京邑，專捕盜者八年。破囊橐，掘盤牙，不可勝數。莫不刑者不懟，強者不暴。」〔註92〕身為縣尉的元度，被分派到捕盜工作，凡八年時間，捕捉到為數甚多的盜賊，並改善當地治安。由此可知，緝捕者主要任務在於維護良好的社會秩序。此外，唐代有許多危害社會秩序的人物，可稱為「閒人」、「閒子」、「惡少」、「惡少年」等。〔註93〕這些人之習性為「豪宗惡少，輕死重義，結黨連群」，〔註94〕時常結群成黨，擾亂民心，社會受到嚴重的威脅。面對這樣危害秩序的人，緝捕者也要負其相關責任，唐宣宗大中五年（851）下詔：

> 如聞近日多有閒人，不務家業，嘗懷凶惡，肆意行非。專於坊市之
> 間，恐脅取人財物，又其中亦有曾為趨吏，依倚門欄，自恐恣尤，
> 遂致停解。不思己過，卻務怨讟，妄搆虛辭，恣行恐嚇。要懲此弊，
> 以靜奸源。自今已後，宜委京兆府切加訪察。如有此色，便捉獲痛
> 加刑斷。〔註95〕

「閒人」即擾亂社會秩序、品行不良者，其中也包含曾為趨吏者，他們都可能成為犯罪者或逃亡者，危害當地人民的安全與生命財產的保障，官方為了解決這樣的問題，故委任相關機構予以追查、捕捉，唐宣宗甚至下詔「捉獲痛加刑斷」，可見此類人物對於地方秩序的破壞，有甚深的影響，連皇帝都以

〔註92〕　（唐）元稹，《元氏長慶集》（東京：中文出版社，1972），卷57，〈唐故朝議
　　　　郎侍御史內供奉鹽鐵轉運河陰留後河南元君墓誌銘〉，頁659。

〔註93〕　朱紹侯，《中國古代治安制度史》，頁381。

〔註94〕　（宋）李昉，《文苑英華》，卷697，〈疏四·請不稅關市疏·崔融〉，頁3599-2。

〔註95〕　（宋）王欽若等撰，《冊府元龜·帝王部》，卷65，〈發號令四·宣宗·委京兆
　　　　府捉獲奸人詔〉，頁726-2。

「痛加刑斷」的方式嚴懲。

另有所謂「惡少」，他們與「閒人」的性質雷同，是當地治安的死角，甚至是犯罪的淵藪。關於他們在當地的勢力，史料記載：「五陵之豪，雜居其地，故有黠吏惡少，犯命干紀。」〔註96〕或者扮演儺的角色騙取金錢，「都會惡少年，則以是時鳥獸其形容，皮革其面目，丐乞於市肆間，乃有以金帛應之者。」〔註97〕這些「惡少」、「閒人」、「黠吏」大多形成地方的惡勢力，甚至勾結當地官吏，知法犯法，影響當地治安與秩序，連州縣衙都無法可管，造成此股勢力更加龐大，因此史料中常出現新任縣令或縣尉，一舉清掃「惡少」、「閒人」或「黠吏」的記載，如唐代薛元賞掃蕩都市裡的「惡少」：

> 都市多俠少年，以黛墨鑱膚，夸詭力，劫奪坊閭。元賞到府三日，收惡少，杖死三十餘輩，陳諸市，餘黨懼，爭以火滅其文。元賞長吏事，能推言時弊，件白之。禁屯怙勢擾府縣，元賞數與爭，不少縱，由是軍暴折戢，百姓賴安。〔註98〕

又《折獄龜鑑》載：

> 薛顏大卿，知耀州。有豪姓李甲者，結客數十人，號「沒命社」。或不如意，則推一人以死鬥，數年爲鄉人患，莫敢發之。顏至，大索其黨。會赦當免，特杖甲流海上，余悉籍於軍。〔註99〕

上述第一則史料爲薛元賞任京兆府尹時所發生之事，此時都市內的「多俠少年」，身上具有刺青，並夸詭力，到處威嚇搶奪，造成街坊鄰居的不安。薛元賞爲了整治當地不良的社會風氣，「收惡少，杖死三十餘輩，陳諸市，餘黨懼，爭以火滅其文」，所有惡少不敢繼續爲非作歹。另一則爲薛元賞知耀州時，豪姓李甲所結之「沒命社」，李甲等人雖非一般罪犯、逃亡對象或擾亂秩序者，但其行爲已造成當地居民的不安與恐慌，百姓皆敢怒不敢言，薛元賞面對社會上的不良團體或相關人等，亦是一一消滅。由此可知，緝捕者之職在於維護社會秩序，面對擾亂社會所造成的問題，緝捕者具有重要的使命感與責任，就如薛元賞這類的官員，面對當地豪強與惡少年，勇於清除惡人之群黨，建

〔註96〕（唐）王維著、趙殿成箋，《王右丞集箋注》（臺北：河洛圖書出版社，1975），卷19，〈送鄭五赴任新都序〉，頁353。

〔註97〕（清）董誥，《全唐文》，卷896，羅隱，〈市儺〉，頁9352-2。

〔註98〕（宋）歐陽修，《新唐書‧薛元賞傳》，卷197，頁5633。

〔註99〕（宋）鄭克著、劉俊文譯注，《折獄龜鑑譯注》，卷5，〈懲惡‧薛顏籍社〉，頁257。

立安全無虞的生活環境。此外，緝捕者也要負擔追捕逃亡者的責任，唐律規定罪人逃亡、軍兵逃亡、賤民逃亡、逃亡戶口等，都須由緝捕者執行相關職務，更見緝捕工作的繁雜與困難性。

再者，就緝捕罪犯、逃亡者的方式而言，其中包含不同的類型。首先為一般緝捕的方式，有以下幾種：「追襲」即在捕捉過程中行不假途，掩人不備。〔註100〕在唐代原本出現於軍事討賊的情形，尤其是面對大批寇賊時，可運用「追襲」的方式捕獲數量龐大的罪犯。另有所謂「追捕」，即一般捉拿逃犯的方式；或為「掩捕」，乘其不備，覆其巢穴，以捉拿到逃亡罪犯、盜賊。〔註101〕「搜捕」之意，求索為搜，擒捉為捕，可用於物品失竊或蒐集證據之時，緝捕者可尋跡搜捕相關嫌疑人，藉此捉獲罪人或搜得物證。〔註102〕另有伺賊出沒，予以追捕，此為「等截」。亦有「粘蹤」之法，若面對罪犯逃亡之時，則可依循逃亡跡象、行蹤，追捕罪犯。〔註103〕若緝捕者追捕到罪犯，完成執行的內容職責，又可稱為「擒獲、得獲」。〔註104〕在宋代，若是面對大量的盜賊、逆賊集團，官方會利用「招收」的方式，使敵人投降。〔註105〕以上所述為緝捕者一般追捕罪犯、逃亡者的可能情況，可

〔註100〕當道節度副使王進逵行軍司馬何敬眞指揮使周行逢朱全琇蒲公益等，……獲賊都監劉承遇，其賊將李師德等五百餘人，並束甲歸降。……至十四日，進逵敬眞差發五千餘人追襲，除鎬先次奔竄外，掩殺賊眾五百餘人，即日進逵敬眞入湖南城。出自（宋）王欽若等撰，《冊府元龜・帝王部》，卷179，〈姑息四・後周太祖・收復湖湘狀〉，頁2155-1。

〔註101〕關於掩捕一事：「城南十里某公主墓，見被賊刦，宣使往捕之，不得漏失。安之即領所由并器杖，往掩捕。見六七人，力穴地道，纏及埏路，一時擒獲」。出自（宋）李昉，《太平廣記》引盧肇《逸史》，卷390，〈塚墓二・嚴安之〉，頁3114。

〔註102〕唐文宗皇帝嘗寶白玉枕，德宗朝于闐國所貢，追琢奇巧，蓋希代之寶。置寢殿帳中，一旦忽失所在。……請以決旬求捕，大懸金帛購之，略無尋究之跡。聖旨嚴切，收繫者漸多，坊曲閭里，靡不搜捕。出自（宋）李昉，《太平廣記》引康駢《劇談錄》，卷196，〈豪俠四・田膨郎〉，頁1467。

〔註103〕（元）徐元瑞，《吏學指南》，〈捕亡〉，頁108。

〔註104〕關於「擒獲」的記載：「劇賊高玉聚徒南山，啗人數千，後擒獲，會赦，代宗將貸其死，公卿議請為葅醢，帝不從，卒杖殺之」。出自（宋）歐陽修，《新唐書・刑法志》，卷56，頁1416。

〔註105〕關於招收，即招安。「昨逆賊李成占據淮南作過，已遣張俊討殺外，其舒、蘄等七州軍管下尚有緣賊驅虜或因闕食嘯聚作過，實非本心，並令招收赦罪。被虜老弱，給據歸業。其實堪出戰人，並聽宣撫使朱勝非使喚，仍具首領姓名聞奏，當議推恩」出自（清）徐松，《宋會要輯稿》（北京：中華書局，1957），〈兵一三・捕賊三〉，兵一三之八頁。上述所引為宋高宗時期的史料，關於招

看出唐代在捕捉罪犯、盜賊時，會依照當時的狀況，採用不同的方式進行追捕的工作。

其次，為巡視、防衛的方式，如在追捕罪犯、盜賊之前，先往來察視周圍環境的狀況，有所謂「巡邏、〔註106〕巡警」的方式，〔註107〕即由緝捕者分布巡警盜賊之跡，以維護地方治安的功能。若在往來巡視的過程中，發現逃亡罪犯或是盜賊，則由緝捕者進行巡捕姦盜之事，此即「巡捕」。〔註108〕另有與巡捕類似的追捕方式為「巡捉」。〔註109〕上述內容和一般緝捕的方式略有不同，主要藉由巡防的方式，盤查、巡視是否有可疑者，若於邊界、港口等通關之處發現，則立刻予以拘捕。最後為搜查證物、捕捉罪犯等狀況，謂如私藏禁物，必須搜檢之類。「搜檢」即大索曰搜，尋察曰檢，謂如私藏禁物，必須搜檢之類。〔註110〕在唐代可分為檢查戶籍資料和搜取證物兩種，須到當事人之處檢驗查證，此皆為緝捕者的工作。〔註111〕是故緝捕者對於有嫌疑之人、

收一事，主要出現於北宋末。出自（清）徐松，《宋會要輯稿》，〈兵一三・捕賊三〉，兵一三之八頁。

〔註106〕陳亡入隋，委質於楊素，素將平江南諸郡，使鐵杖夜泅水過揚子江，為巡邏者所捕，差人防守，送於姑蘇。出自（宋）李昉，《太平廣記》引劉恂《嶺表錄異》，卷191，〈驍勇一・麥鐵杖〉，頁1430。此處「巡邏者」即擔任巡視工作者，面對可疑人物時，應當及時逮捕。

〔註107〕人既繁會，俗已豐饒，又置一鎮，抽武士三十人而禦之。亦立廨署，早暮巡警，盜將竄跡，人遂高眠，不感晨雞，無聞夜犬，皆云康泰。出自（宋）李昉，《文苑英華》，卷808，〈公署下・彭州新置唐昌縣建德草市歇馬亭鎮并天王院等記・陳翎〉，頁4271-1。此處「巡警」，乃是由軍鎮負責派人巡視，一般鄉里應當也有緝捕者負責巡視周圍的職責。

〔註108〕管內頻有盜賊，剽劫坊市鄉村，差兵巡捕，嚴切隄防。出自（清）董誥，《全唐文》，卷849，范延光〈請捕盜用重法奏〉，頁8924-1。此處對於「巡捕」一事，乃派遣兵員負責，其中軍兵亦屬於緝捕者之一，應當也包含州縣衙之緝捕人員。

〔註109〕兩軍及諸軍巡捉得劫賊，京兆府先牓懸賞。近日捉獲得賊，都不給付，既違公勸，何以勵人。宜令京兆府，所有軍巡捉獲劫賊，便須支給賞錢。出自（宋）王欽若等撰，《冊府元龜・帝王部》，卷65，〈發號令四・宣宗・獲賊支給賞錢敕〉，頁726-2。此處為軍兵人員「巡捉」獲得盜賊，推測關於「巡視捕捉」的方式，和「巡捕」方式類似，大多可能由軍兵人員負責，他們多駐防邊境，若於巡視的過程中，發現可疑的盜賊、罪犯、逃亡者，可立即緝捕歸案。

〔註110〕（元）徐元瑞著、楊訥點校，《吏學指南》（杭州：浙江古籍出版社，1988），〈捕亡〉，頁108。

〔註111〕關於「搜檢」的部分，《唐會要》對於逃亡戶口有載：「今縱更搜檢，而委之州縣，則還襲舊蹤，卒於無益。」（《唐會要》，卷85，〈逃戶〉，頁1561）由州縣衙的人員負責搜檢逃亡戶口，可推測此亦是緝捕者的工作之一。又《唐

事、物，可予以搜索、檢視，若是有所不法之事，則可拘執相關違法人員，待司法審判程序。唐代緝捕機構的建立與成熟，其精神亦延續至元代，《吏學指南》一書有相關記載，[註112] 與唐代史料相互比較之下，元代追捕罪犯的方式與唐代略同，可看出唐至元之緝捕方式的關聯性與延續性。

由上述緝捕者之工作內容，可知唐代捕亡制度結合執法人員的職務，因而建立完整的緝捕組織與規範，使罪犯或逃亡者受到法律的制裁，也可維持良好的社會秩序，並有利於國家整體制度的運作，實為不可忽視的一員。緝捕工作相當繁雜，唯有緝捕者的勇猛精神，以及運用強而有力的武功，冒著生命危險追捕盜賊，才能勝任此職務，可見緝捕者的職務實屬不易。但基於國家安全與利益之重要性，使捕亡制度的運作能更加完善，並建立大唐帝國的盛世與繁榮。

二、捕獲罪犯的獎賞

唐代緝捕者若有捕獲罪犯或是逃亡者，則官府方面會予以賞金或是列入考績。關於考績部分，所限定的對象為地方官吏，即有品級、勳位的官員，如刺史、縣令、縣尉等人，其餘緝捕者雖無官品，但有另外的獎賞方式。關於地方官考核政績，《新唐書·百官志》：

> 每歲，尚書省諸司具州牧、刺史、縣令殊功異行，災蝗祥瑞，戶口
> 賦役增減，盜賊多少，皆上於考司。監領之官，以能撫養役使者為
> 功；有耗亡者，以十分為率，一分為一殿。[註113]

中央每年都會對於地方官員進行考核，根據盜賊數量之多寡判斷地方的捕盜表現，並將其表現上報於中央，如當地盜賊數量少則可列為上等。唐代對於優秀地方官吏的獎賞，可增進官吏治理地方的效力。若非地方官員，卻有捉獲盜賊者，在賞金部分有另外的規定：「諸糾捉盜賊者，所徵倍贓，皆賞糾捉之人。」所謂「糾捉之人」即緝捕者，其中也包含一般人民緝捕的狀況，並非只是官衙緝捕者。光是此條之規定內容，相當吸引緝捕者追捕罪犯的動機，即盜賊所奪之贓物與相關賠償金，皆可當作緝捕者的賞金。若家貧無財可徵

大詔令集》載：「張晏、趙環等七人如更有親族，並合搜檢，準今年八月敕處分。其刀劍器械等，並付所由，準法處分。」（（宋）宋敏求，《唐大詔令集》（上海：學林出版社，1992），卷126，〈憲宗·誅殺武元衡賊張晏等敕〉，頁626～627。）「搜檢」亦可為至他人之處搜刮、取得相關證物。

〔註112〕（元）徐元瑞，《吏學指南》，〈捕亡〉，頁108。
〔註113〕（宋）歐陽修，《新唐書·百官志一》，卷46，〈尚書省·吏部〉，頁1191。

及依法不合徵倍贓者，則所得贓物價的五分之二賞給緝捕者。若所有贓物已花費用盡，無賞金可給，則由官府出贓物之一分以賞捉人。若官人非因檢校而另外糾捉，並共盜及知情主人首告者，亦依賞例。〔註114〕

從上述的規定中，可知唐代對於捕捉罪犯的賞金相當豐厚，就算已無贓物可賞給緝捕者，官府也會給予相當的賞金，甚至連官府人員、共盜者與知情人，都可分得獎賞。唐代韓愈對於捕捉盜賊亦有云：「以狂賊傷害宰臣，擒捕未獲，陛下悲傷震悼，形於寢食。特降詔書，明立條格，云有能捉獲賊者，賜錢萬貫，仍加超授。」〔註115〕在如此優渥的條件之下，可促進緝捕者執行工作的成效，賞金萬貫的確吸引人，對於不法者也可予以法律的處分，能有效控制全國的安全與秩序，使捕亡制度能更加完善。若是捕捉到罪犯卻無賞金，則可能會降低緝捕工作的成效，對此有相關記載，唐宣宗下詔曰：

> 兩軍及諸軍巡捉得劫賊，京兆府先牓懸賞。近日捉獲得賊，都不給付，既違公勸，何以勵人。宜令京兆府，所有軍巡捉獲劫賊，便須支給賞錢。〔註116〕

通常捕捉罪犯和逃亡者，多由州縣的緝捕者負責，但有時軍兵人員也會投入緝捕工作，尤其是面對數量龐大的盜賊，光是緝捕者來執行則實力不足，故官府「先牓懸賞」，派遣軍兵負責追捕。「又當州或屬將校所由，有巡檢非違，追捕盜賊，須行賞勸，合給程糧者。」〔註117〕軍兵並非州縣衙體系，在賞金部分可能由官府另外撥給，若無給付賞金，則追捕盜賊一事難以完成，故唐宣宗下令要求官府應當給予緝捕者賞金，此亦證明唐代在獎賞制度上，仍有其相關規定。

緝捕者追捕盜賊有賞金，若追捕到逃亡的奴婢，亦可得到不錯的獎賞。唐代屬於身分階級分明的社會，尤其在賤民階級的控管上非常嚴格，他們屬於主人的財產，若有逃亡的奴婢、部曲等，則等同於財產遺失，只要主人向官府申請緝捕令，則緝捕者必須追捕逃亡奴婢。若捕獲奴婢，會予以獎賞。唐令規定：

〔註114〕天一閣博物館・中國社會科學院歷史研究所天聖令整理課題組，《天一閣藏明鈔本天聖令校證・唐令復原研究》之復原唐捕亡令7，頁550。

〔註115〕（唐）韓愈著、馬其昶校注，《韓昌黎文集校注》（臺北：頂淵文化，2005），卷8，〈表狀・論捕賊行賞表〉，頁352。

〔註116〕（宋）王欽若等撰，《冊府元龜・帝王部》，卷65，〈發號令四・宣宗・獲賊支給賞錢敕〉，頁726-2。

〔註117〕《唐會要》卷59，〈尚書省諸司下・比部員外郎〉，頁1037。

　　諸奴婢逃亡經三宿及出五十里外，若度關棧捉獲者，六分賞一；五
　　百里外，五分賞一；千里外，四分賞一；千五百里外，三分賞一；
　　二千里外，賞半。即官奴婢逃亡，供公廨者，公廨出賞，餘並官酬。
　　其年六十以上及殘廢不合役者，並奴婢走投前主及鎮戍關津若禁司
　　之官於部內捉獲者，賞各減半。若奴婢不識主，牓召周年無人識認
　　者，判人（入）官，送尚書省，不得外給，其賞直官酬。若有主識
　　認，追賞直還之。私牓者，任依私契。〔註118〕

唐代規定捉到逃亡奴婢，須在五日內送至鄰近的官府，並依其身價給予酬賞。
〔註119〕《天聖令》之復原唐令對於捉獲逃亡奴婢的賞金有相關規定，此處「奴
婢」乃指官、私奴婢，依其逃亡的天數、距離，予以緝捕者不同的酬賞。唐
代對此規定奴婢逃亡「經三宿及出五十里外」，則捉獲奴婢才能有賞金，若以
下者未說明，推測應當所受賞金甚少。通常為逃亡的時間越久、距離越遠，
則捉獲者可以拿到較多的賞金，即「二千里外，賞半」。若是官奴婢逃亡，理
當由官府方面負擔酬賞；若奴婢本身有殘缺或年紀六十以上，則賞金減半；
若為私奴婢逃亡，則由主人依其契約規定給賞。可見緝捕者在追捕逃亡奴婢
時，也須注意逃亡者的身分與價值，以便獲得最高的酬賞。

　　除了上述的情況之外，亦有可能追捕到已死亡的奴婢或尚未還主的情
況，可分成以下幾種：一為限內捕獲致死者，則緝捕者無賞金。一為已入官
府之逃亡奴婢，尚未交還主人又再次逃亡，則可依逃亡距離得賞。若再逃的
距離較遠，則捉獲者可得三分之二；若先前捉獲者的距離較遠，則與後者平
分；若奴婢自行回主，則捉獲者得半。若經五十日無獲得籌賞，則由官司評
價，主人與捉獲者均分。〔註120〕唐代奴婢等同私人財產，可藉由估價方式將
奴婢換成賞金，捉獲到奴婢等同找回遺失的財產，緝捕者也可藉此獲得不錯
的酬賞。唐代捕亡制度中的獎賞規定，可促進緝捕者的執行效力，讓追捕一
事能更加順利，亦確保國家的運作能更順利。

〔註118〕天一閣博物館・中國社會科學院歷史研究所天聖令整理課題組，《天一閣藏明
　　　　鈔本天聖令校證・唐令復原研究》之復原唐捕亡令8，頁550。
〔註119〕天一閣博物館・中國社會科學院歷史研究所天聖令整理課題組，《天一閣藏明
　　　　鈔本天聖令校證・唐令復原研究》之復原唐捕亡令9，頁550。《唐律疏議・
　　　　賊盜律》卷20，「略和誘奴婢」（總293條）之疏議曰：「凡捉得逃亡奴婢，
　　　　依《令》，五日內合送官司」。
〔註120〕天一閣博物館・中國社會科學院歷史研究所天聖令整理課題組，《天一閣藏明
　　　　鈔本天聖令校證・唐令復原研究》之復原唐捕亡令10，頁550～551。

三、緝捕者失職之過

　　緝捕者的職責爲追捕盜賊、逃亡者等，此屬地方性質的官吏，有些甚至只是衙門派出的公差，爲了防止這些緝捕者在追捕罪犯的過程中有所怠慢、疏失，因此官方也制定相關的規定約束緝捕者，確立基層人員的法律與行政責任。唐憲宗時期，對於追捕河南盜賊一事，有相關記載：

> 河南尹職在摘發奸盜，隱伏無遺，今河南府劫殺崔應，家賊彰暴若
> 斯，收擒不獲，致使漏網，得非慢官。其河南尹及本縣令捕賊官，
> 宜各罰一月俸料，其捕賊官至較考日，仍書下考，其留守下本巡所
> 繇，宜委權德輿節級科罰。〔註121〕

對於擒賊不力的狀況，河南府尹和相關緝捕人員皆須負擔責任，其中「河南尹」和「捕賊官」以罰俸一個月的薪資爲處罰，另外「捕賊官至較考日，仍書下考」，須將此列入年度的考核，送交吏部審查、登錄，並將考績列爲下等。這樣的結果就府尹、縣令、縣尉而言，相當不利，受到罰俸和考績不佳的懲罰，對於地方官員未來仕途的發展有非常嚴重的影響。但實爲官員處事不力，才會受到行政上的處罰，官方也藉此確立捕亡制度的完善，並非基層執法人員失職就不用受到懲罰。

　　除了有行政的責任之外，緝捕者若在緝捕過程中有所過失或不法的行爲，亦會受到更嚴屬的處罰，甚至要負起法律的刑事責任。於《唐律疏議‧捕亡律》「將吏捕罪人逗留不行」條中，規範緝捕者的法律條文：

> 諸罪人逃亡，將吏已受使追捕，而不行及逗留。雖行，與亡者相遇，
> 人仗足敵，不鬭而退者，各減罪人罪一等；鬭而退者，減二等。即
> 人仗不敵，不鬭而退者，減三等；鬭而退者，不坐。即非將吏，臨
> 時差遣者，各減將吏一等。三十日內能自捕得罪人，獲半以上；雖
> 不得半，但所獲者最重：皆除其罪。雖一人捕得，餘人亦同。若罪
> 人已死及自首各盡者，亦從免法；不盡者，止以不盡人爲坐。限外，
> 若配贖以後，能自捕得者，各追減三等；即爲人捕得及罪人已死，
> 若自首，各追減二等。〔註122〕

此處所謂「將吏」乃是本文所定義的「緝捕者」，《唐律疏議》對此注曰：「見

〔註121〕（宋）王欽若等撰，《冊府元龜‧帝王部》（北京：中華書局，1994），卷153，
　　　　〈明罰二‧憲宗‧罰河南尹等俸料敕〉，頁1854-2。
〔註122〕（唐）長孫無忌，《唐律疏議‧捕亡律》卷28，「將吏捕罪人逗留不行」（總
　　　　451條），頁525～527。

－40－

任武官爲將，文官爲吏」，〔註123〕就律文所述應當爲州縣衙的基層執法人員，如縣尉、捕盜將、捉事所由等，其中亦包含軍事人員，故曰「將吏」。此外，律文有云「即非將吏，臨時差遣者」，即非具有官品、勳位的官員，爲臨時派遣的官差，可能爲州縣衙役之類，或是輪番的差役。律文有言：「將吏已受使追捕，而不行及逗留」，即緝捕者若於追捕罪人之時，逗留不願前行，沒有盡到立即捕捉罪人的職責，謂故作迴避逗留及詐爲疾患不去之類，〔註124〕可能具有故意縱放罪犯的行爲，則緝捕者皆須處以重刑，就上述可參閱（表一）：

（表一）將吏追捕罪人之情況與刑罰責任〔註125〕

行　爲 情　節	人仗足敵，將吏 罪人無相鬥而退		人仗足敵，將吏 罪人相鬥後而退		人仗不敵，將吏 罪人無相鬥而退		人仗不敵，將吏 罪人相鬥而退	
將　吏	緝捕者	罪人	緝捕者	罪人	緝捕者	罪人	緝捕者	罪人
	流三千里	死刑	徒三年	死刑	徒二年半	死刑	無罪	死刑
臨時差遣者	徒三年	死刑	徒二年半	死刑	徒二年	死刑	無罪	死刑

唐代捕捉罪人有一定的期限，並規定捕捉的人數比例、罪人已死、罪人自首等情形，以此來防止緝捕者失職的行爲與相關法律責任。若就（表一）所示，對於緝捕者追捕罪人時，有其相關的法規，並依其事發之情節，給予不同的判刑。此外，就追捕期限而言，如在「將吏追捕罪人逗留不行」之狀況下，造成罪犯逃亡，則所規定期限爲三十日內追捕歸案，若超過三十日，緝捕者必須處以刑罰上的責任。據律文所述，其前提爲緝捕者沒有盡到追捕的責任，即失職之過，「諸罪人逃亡，將吏已受使追捕，而不行及逗留。」此甚至具有故意縱放罪犯的嫌疑，緝捕者已獲得命令逮捕，卻逗留不行，可見其居心。爲了嚴懲這樣的情形出現，及維護司法執行的效率，因此官方制定相關的法律條文約束緝捕者的行爲。本條律文所述之對象爲：「各減罪人罪一等」，謂罪人合死，將吏處流三千里之類。〔註126〕故於（表一）所提及

〔註123〕（唐）長孫無忌，《唐律疏議·捕亡律》卷28，「將吏捕罪人逗留不行」（總451條），頁525。

〔註124〕（唐）長孫無忌，《唐律疏議·捕亡律》卷28，「將吏捕罪人逗留不行」（總451條），頁525。

〔註125〕參照（唐）長孫無忌，《唐律疏議·捕亡律》卷28，「將吏捕罪人逗留不行」（總451條），《疏》，頁525～527。

〔註126〕（唐）長孫無忌，《唐律疏議·捕亡律》卷28，「將吏捕罪人逗留不行」（總451條），《疏》，頁525～527。

的罪人刑罰爲死刑，緝捕者隨其狀況不同，在加減等上則有所差異。主要的情形可分兩種，一爲罪人與緝捕者武力相當之情形，一爲罪人武力強於緝捕者之時。緝捕者面對此兩種不同情況，有可能會減低緝捕者追捕的執行效力，故利用法律的力量懲戒不法者。若緝捕者於追捕時未行武力取罪人，則所判之刑罰較重；反之，若有用武力取罪人，代表有行追捕之實，緝捕者雖逗留不行或未捕捉到罪人，以失職之過，減輕罪刑。可見此條的制定，就是爲了約束緝捕者，避免與罪人有所勾當或不法之事，實屬依法行事，不可有所輕慢。唐代捕亡制度結合法律的規範，則可減輕緝捕者失職之過，畢竟有責任在身，稍有不慎，使罪犯逃亡，緝捕者必須負擔刑責，尤其是故意放縱罪犯之行爲，其刑責爲減罪犯之罪一等，處罰相當重，可藉此約束不法的緝捕者。

此外，捕捉罪人之時，雖有下公文以利執行，若涉及到罪人爲達官貴人或有勢之士，可能有洩漏風聲之嫌。「諸捕罪人，有漏露其事、相容隱者爲捕得，令得逃亡者，減罪人罪一等。」〔註127〕再者，「諸知情藏匿罪人，若過致資給，謂事發被追及亡叛之類。令得隱避者，各減罪人罪一等。」〔註128〕就上述兩種情形而言，中央對於罪犯的管理非常重視，爲了維持安定的社會秩序與國家體制的運作，不論是緝捕者還是罪犯，本身都帶有重要的法律關係。緝捕者本爲正義的化身，將罪犯追捕到案，是他們重要的職責。若無法盡責，且有被買通之嫌，都須處以重刑懲戒。國家的安定與否，可決定於當地的司法訴訟與追捕效力，唯有如此才能有穩定的社會秩序。地方上安定，則國家才能安定。從這些律令的探討中可發現，緝捕者維繫著當地的治安、行政管理、法律執行效力等，實屬不可輕忽的重要人物。上述之緝捕者的規範，因涉及到罪犯再次逃亡的可能性，危害到整個國家體制及社會秩序的運作，基層人員若有失職之過或是故意縱犯的行爲，可藉由法律的方式規範緝捕者的追捕工作，故中央在制定法規時，特別強調緝捕者所應當負起的責任，且具有法律的約束力。

〔註127〕（唐）長孫無忌，《唐律疏議・捕亡律》卷28，「捕罪人洩漏情事」（總455條），頁529～530。

〔註128〕（唐）長孫無忌，《唐律疏議・捕亡律》卷28，「知情藏匿罪人」（總468條），頁540～543。

小　結

　　關於捕亡制度的探討，從先秦時期的逃亡問題及秦漢之後的緝捕組織看來，不論是從法條的制定，或是各單位組織的執行層面，都可看出捕亡制度存在已久。至唐代，從緝捕組織、人員、職責、法規等多面向的探討，可知捕亡制度的建立對於社會秩序有相當大的影響。緝捕組織多由地方官府負責，其中縣尉爲擔任追捕一職的主要將領，並帶領緝捕者進行追捕犯罪、逃亡者的職務，可看出唐代捕亡制度的組織化與執行效力。此外，國家亦制定法律，約束緝捕人員的行政責任，他們本身具有維護社會秩序的作用，且在執行公務之時，也不可有任何違法行爲，否則會遭到懲處。唐代透過法律的制定與執行，維護全國的社會秩序與國家體制的運作，約束著緝捕人員與罪犯之間的法律責任，使雙方都不可有違法的舉動，可看出唐律對於國家治理的重要性。

　　一國之所以能穩定發展，在於中央與地方的連結性是否完善，唐代的捕亡制度正好扮演彼此之間的橋樑。由中央制定相關行政與法律的規範，再交由地方官員處理緝捕的事務，每個環節都具有重大的意義，漏失任何一個環節，都可能影響到國家體制運作的情形。爲了讓捕亡制度能有效運作，中央依據行政區劃分不同的組織架構，並配有相關的負責單位，再藉由法規約束不法的緝捕者，每個層級都是環環相扣，可看出唐代捕亡制度的完善與漸趨成熟。而唐代的捕亡制度，更是受到宋元明清等朝的承襲，唐代「捕亡律令」更是重要的史料之一，如捕捉逃犯的規定、逃犯的身分、賞金的分配等等，對於後代具有很大的影響力。而宋代《天聖令》的出現，重現唐宋之間的歷史面貌，宋代承襲唐代律令，保留了先前大部分的「捕亡律」和「捕亡令」，以規範緝捕者與逃亡者之間的法律關係，更可看出唐代捕亡制度的重要性與歷史價值。

第二章　緝捕對象的探討

　　本章討論的對象爲逃亡者與犯罪者，依其身分可劃分不同等級的緝捕對象，以上兩種緝捕對象因本身的違法行爲，皆屬於罪犯，《唐律》中多以「罪人」一詞代稱。就《唐律》之規定，可分爲官員無故逃亡、軍兵人員逃亡、一般犯罪人、逃亡戶口、賤民的逃亡等五種身分者。根據不同的身分階級，對於緝捕對象的追捕與處置也有所差異。就緝捕對象而言，「犯罪者」通常所指爲一般違法行爲者，如發生竊盜、殺人、強盜、姦淫、傷人、收贓等犯罪行爲，這類對象在犯罪之後，又可分爲當場捕捉或逃亡後再行追捕兩種。若爲當場捕捉，雖沒有逃亡行爲，卻具有違法的犯罪行爲，故緝捕者應當立即收捕歸案。若本身犯罪後，再行逃亡之實，則具逃亡行爲及犯罪行爲，其刑罰通常會加等，以嚴懲犯罪者。若有犯罪共亡的狀況，《唐律疏議・名例律》規定：「諸犯罪共亡，輕罪能捕重罪首，及輕重等，獲半以上首者，皆除其罪。」〔註1〕就本條律文之規定而言，就算是逃亡的罪犯，若能將重罪者緝捕歸案，甚至有免罪的可能。可見緝捕一事，並非只限定於官方的緝捕者，連罪犯、行人、鄰里等都可能有緝捕的任務，亦可獲得獎賞或減罪的優待，藉此鼓勵、刺激追捕罪犯的動力，維護良好的社會秩序。

　　至於「逃亡者」雖無竊盜殺人等犯罪行爲，但具有逃避兵役、勞役等問題，對於國家整體之運作有嚴重影響，亦屬違法行爲。若爲官員逃亡，可能具有行政機構運作不當及國情洩密的危險性，中央另有制定〈職制律〉，以規定官員應當的職責與法規，若無故逃亡，則有行政犯罪或失職的可能性，此類對象亦是緝捕機構須注意的人物。若爲軍兵人員逃亡，則有礙國家軍事訓

〔註1〕　（唐）長孫無忌，《唐律疏議・名例律》卷5，「犯罪共亡捕首」（總38條），頁106。

練、運作與機密洩漏的危機，故對於逃亡的軍兵，會以軍法處置，嚴懲犯罪違法的軍兵人員。唐代是身分等級劃分森嚴的朝代，若為逃亡戶口、逃避徭役及奴婢賤民的逃亡，則危害社會整體的運作，尤其是身分階級上的大變動，國家難以完全掌控全國人民的動向與狀態，嚴重影響社會秩序的維持。不論是哪種逃亡人口，只要有礙於國家整體的運作模式，官府對於這些違反的逃亡者，皆下令由緝捕人員負責追捕，以維護良好的行政體制與治理。

第一節　官員逃亡

　　本節探討唐代官員逃亡的問題，可分為官員有故而亡及無故而亡兩種類型。官員有故而亡，乃指有事發原因而逃亡他地，其逃亡原因可能為犯下反逆罪、擅興罪、失職罪、違紀罪、貪污受贓罪等一般行政事務上的違法行為，亦包含非行政事務之罪，如刑事責任、民事責任等。以上所犯之罪，可能致使官員逃亡，以躲避法律的制裁。官吏職務犯罪的罪名相當廣泛，根據彭炳金之研究，在唐律中即有 223 條涉及官吏職責問題。《衛禁律》、《職制律》、《戶婚律》、《廄庫律》、《擅興律》、《捕亡律》和《斷獄律》七篇與官吏職務犯罪的規定有關。此外，《詐偽律》、《雜律》也多和官吏之犯罪行為相關。唐律中的官吏職務涉及唐代官府的行政、經濟管理、司法和軍事活動等方面，唐代「以法治吏」的方式，〔註2〕建構出中央與地方之間的監察管理組織，彼此密切相關，且相互制衡，可看出唐代在行政組織管理上的成熟與制度化。

　　首先，官吏犯「反逆」罪，史書又云「逆賊」。此類罪對政權產生威脅性，所保護之對象為國家法益。〔註3〕如有發生逆賊出沒，危害社會秩序及國家安全之行為，須立即派兵或緝捕者收服。其次，有所謂「擅權罪」。指官吏從事職務活動時，濫用職權的行為，如非法興造、非法賦斂、擅奏改律令、出使輒幹他事、代署代判等違法行為，〔註4〕對此中央制定《職制律》或《擅興律》嚴加控管地方政務。再者，官吏失職罪。唐代統治者對於官吏的選任相當重視，如官吏稽誤制文及官文書、違反驛使規程、私度關津要塞、倉庫管理有竊盜行為等。在政務方面有失職行為，上書奏事有誤、事應奏而不奏、貽誤

〔註2〕彭炳金，《唐代官吏職務犯罪研究》（北京：中國社會科學院，2008），頁108。
〔註3〕甘懷真，〈反逆罪與君臣關係〉，收錄於高明士主編，《唐宋與國家社會研究》，
　　　　（臺北：五南圖書出版社，2003），頁79。
〔註4〕張晉藩，《中國法制史》，頁287。

公事、當番不到、應直不到、限滿不赴任、主司脫漏戶口、不修堤防橋樑等，皆屬於官吏在行政事務的失職行為，皆按唐律予以判刑。此外，官吏的違紀罪，須追究其刑事責任，如洩漏國家機密、私自授與兵器、私自出界、不按規定辦事、棄毀符節制書等。最後，貪污受贓罪。官吏利用非法行為佔有官私財物，如枉法贓、不枉法贓、受所監臨贓、坐贓等。〔註5〕以上所述為官吏犯罪的相關罪名，唐代對於官吏的管理相當嚴謹，如有任何失職、違紀之行為，通常會用法律或考績等方式予以制裁，維持行政體系的管理與效能。

　　雖然唐代對於官吏的管理制度相當嚴謹，如在行政方面有所差失，可能將受到免官、貶官降職、罰金等處罰。主要可分以下幾種，一為削階，即降低官吏所帶散官的品級，又稱為「降級」。二為貶官降職，如由實職改為任閒職，或是京官貶受外官，州縣官貶至偏遠地區任官。又可為左降官，此具有流放性質，與流人相並論。三為書下考，文武百官每年都要進行一次考核，根據考核結果分別予以獎懲，降考即對於官吏違法之處罰。四為殿選，官吏的任期為四考，殿選即待選若干年才允許參加銓選，乃指官吏停官。〔註6〕五為罰直，對於違反《公式令》的官吏，則處以罰款。若為更嚴重的違法行為，更可能處以死刑，故唐代官吏之工作職責相當嚴苛，也必須注意個人的品行道德。

　　關於官吏犯罪逃亡之事，唐玄宗開元十年（722）記載相關案例：「武強令裴景仙犯乞取贓積五千匹，事發逃走。皇帝大怒，令集眾殺之。」〔註7〕武強縣令裴景仙，犯下贓罪，且又逃亡他處，理當加罪嚴懲。依二罪俱發從重論，最重可判為流三千里。大理卿李朝隱，認為裴景仙及其先人有功在身，李朝隱引律力奏，裴景仙得以減罪。〔註8〕就上述裴景仙案例而言，縣令犯下贓罪，且有逃亡之行為，理當重判，但是官方審案時，也會參考當事人過去政績等，予以減罪或赦免。也就是說，官吏犯罪不一定完全按照法條規定審理，會根據案件主之許多面向分析，如本身的政績或有功於國等，再處以適當的刑罰。官吏違紀、失職本有過，中央勢必採取法律制裁的方式，懲戒不法者，以警示全國官吏不得犯錯，藉此控制國家行政體制的運作。

〔註5〕　張晉藩，《中國法制史》，頁287～293。
〔註6〕　彭炳金，《唐代官吏職務犯罪研究》，頁165～184。
〔註7〕　《舊唐書·李朝隱傳》，卷100，頁3126。《新唐書·李朝隱傳》，卷129，頁4480。
〔註8〕　吳謹伎，〈六贓罪的效力〉，收錄高明士主編《唐宋與國家社會研究》，頁222～223。

就皇帝權力而言，官吏違法失職實為破壞國家體制之運作，為了嚴懲官吏犯錯，唐玄宗天寶三載（744）下詔曰：「其天下見禁囚徒，應雜犯罪死者宜各降一等，自餘一切放免。其十惡及造偽妖妄頭首，官吏犯贓，並姦盜等，害政既深，情難容恕，不在免限。」〔註9〕皇帝特赦其他雜犯、囚徒，但官吏犯贓卻不可赦免，乃因身為國家之行政官員，非但沒有守法精神，反而知法犯法，理當嚴懲，故唐玄宗對於犯贓的官吏，指出他們「害政既深，情難容恕」。而之後皇帝即位所頒之赦文，對於官吏犯贓之罪，大多不予以免赦。唐憲宗元和十年（815）對於貪贓枉法之官吏，嚴加懲戒，並下詔曰：

> 凡在職司，必當廉慎，苟懷貪汙，實紊政經，為理之先，固在懲誡。
> 其犯贓官，本據律文，刑名甚重，頃者多從寬宥，不足懲姦，切在
> 申明，使其知懼。自今以後，如錢穀稍多，及情狀難恕者，宜杖決
> 配流，餘並比類，節級科處。如有此色，所在長吏及觀察使不能糾
> 察，事發之後，並據所犯輕重加責罰，庶警貪吏，以惠疲人。〔註10〕

從唐憲宗的詔書內容，可知官吏犯贓的處置，可能就其功名或政績來減罪，難以嚴懲官吏犯罪，因此憲宗再次強調，「庶警貪吏，以惠疲人。」更見唐代官吏管理制度的重要性。唐代在吏治方面，甚屬完善，唐律規定官吏不得有犯罪或違法行為，並根據事之輕重，處以相關刑罰。若是官員犯罪而亡，亦屬罪上加罪，應當以二罪俱發從重論，與一般逃亡罪人、囚徒一樣，皆處以重刑嚴懲犯罪。然而，官吏犯罪又牽扯到國家體制運作的破壞，身為執法者，卻知法犯法，實為不該，皇帝對於官吏犯罪問題，也多次下詔嚴懲，避免皇權與國家受到威脅與危害，故唐代對於不法官吏，在在利用法條約束官吏的行為與職責。

上述官員大多有犯罪行為，為了躲避法律責任，因而逃亡他地，此乃官員有故逃亡。另有官員無故逃亡，《唐律疏議・捕亡律》「在官無故而逃」條：

> 諸在官無故亡者，一日笞五十，三日加一等；過杖一百，五日加一
> 等。邊要之官，加一等。〔註11〕

〔註9〕　（宋）王欽若等撰，《冊府元龜・帝王部》，卷86，〈赦宥五・玄宗・改年為載推恩制〉，頁1017-2。

〔註10〕　（宋）王欽若等撰，《冊府元龜・刑法部》，卷612，〈定律令四・憲宗・嚴犯贓罪詔改〉，頁7351-1。

〔註11〕　（唐）長孫無忌，《唐律疏議・捕亡律》卷28，「在官無故亡」（總464條），頁537。

所謂「在官」，即在令、式有員，見在官者。〔註12〕乃指品官以上，任官期限未滿，無故逃亡他地。「無故」即非其他犯罪因素，沒有任何原因則逃亡。雖無查出犯罪之相關實證，但身為行政官吏，有執行國家政策、維護國家體制運作的責任，不可隨易離開所居之職，應當在期限內完成政務，故有失職行為，應當嚴懲。因此，唐律規定官員無故逃亡，一日笞五十，三日加一等。若為邊要之官，又罪加一等，即一日杖六十，三日加一等。乃因邊要之地，中央控制不易，且有外患侵襲，如地方行政官吏失職逃亡，勢必危害國家邊疆地區的社會秩序，甚至影響國防安全，其影響比其他州縣之官吏來得更重，故官方有必要嚴加管控，避免官員無故逃亡。

關於官吏逃亡問題，不論是否為有故而亡或無故而亡，皆屬於逃亡罪，必須由相關主管機構下達緝捕令，由緝捕者將逃亡官吏追捕歸案。若有故而亡，則罪上加罪，從重科罰。若無故而亡，則以「在官無故而亡」條論處，以逃亡罪論處。唐代為了建立良好的行政組織管理，以及維護國家制度的運作，因而制定相關規定，以約束身為官吏的行為與責任，並與捕亡制度相互結合，緝捕不法的官吏，收捕歸案，交由監察單位及司法單位審理，以維護良好的官僚體制。

第二節　軍兵人員逃亡

關於唐代軍兵制度的演變，《新唐書》有云：「蓋唐有天下二百餘年，而兵之大勢三變，其始盛時有府兵，府兵後廢而為彍騎，彍騎又廢，而方鎮之兵盛矣。及其末也，彊臣悍將兵布天下，而天子亦自置兵於京師，曰禁軍。」〔註13〕軍隊、兵員對於國家而言相當重要，其維繫著一國的國防與安全性。若是兵制不夠完善，則嚴重影響到國防的安全。上述所引之史料，可看出唐代兵制的演變，先是府兵制度，後府兵因時勢關係漸衰，起而由彍騎為主的「召募兵」，加上方鎮兵的強盛，皇帝置禁軍於京師，以維護自身的政權。唐代兵制，隨其時間、政治、國防上的變化，亦有所不同。故宋人歐陽修云：「其後天子弱，方鎮彊，而唐遂以亡滅者，措置之勢使然也。若乃將卒、營陣、車旗、器械、征防、守衛，凡兵之事不可以悉記，記其廢置、得失、終始、

〔註12〕　（唐）長孫無忌，《唐律疏議・捕亡律》卷 28，「在官無故亡」（總 464 條），
　　　　　頁 537。
〔註13〕　（宋）歐陽修，《新唐書・兵志》，卷 50，頁 1323～1324。

治亂、興滅之迹，以爲後世戒云。」〔註14〕唐代兵制的改革與變遷，於每個不同的時期有相其對應之軍兵組織與制度，更見軍兵人員對於國家的重要性，爲了加強軍隊的管理與控制，因此中央對於逃亡軍兵予以嚴屬的懲處，此有助於國防的穩定與國家的安定。本節所要探討對象爲軍兵人員逃亡的法律問題，探討捕亡制度在軍隊管理上的重要性與影響。

一、唐代軍事制度

唐代前期的兵員有府兵、兵募、健兒、團結兵、防丁；後期的兵員則爲官健、團結（團練）。〔註15〕唐代兵制主要可分爲義務兵和志願兵兩種，府兵、兵募、團結兵、彍騎爲義務兵，還有少數的義征或健兒爲志願兵。府兵是特殊的兵員，其撿點、管理、征發自成制度。兵募差自白丁，以州縣發遣、官賜裝備、不足則自備。此外，兵募又稱爲募人、征人、州兵，兵募名爲召募，實爲征發，唐高宗征高麗時，兵募成爲強制征發。至於團結兵由州刺史統領的地方兵，以富戶強丁征發、平時農務、兼習弓矢，以當地服役爲主。〔註16〕以下略論唐代兵制，及其相關人員與組織：

首先，關於唐代府兵制度，主要沿襲於隋代，自唐高祖初起，設置大將軍府。武德初，始置立軍府，以驃騎、車騎兩將軍府爲主要首領。唐太宗貞觀十年（636），更號統軍爲折衝都尉，別將爲果毅都尉。〔註17〕府兵的基本單位爲軍府，稱爲折衝府，分成上中下三等，專掌軍事。〔註18〕關於府兵制度的相關人員，《新唐書・兵制》載：

> 府置折衝都尉一人，左右果毅都尉各一人，長史、兵曹、別將各一
> 人，校尉六人。士以三百人爲團，團有校尉；五十人爲隊，隊有正；
> 十人爲火，火有長。火備六馱馬。凡火具烏布幕、鐵馬盂、布槽、
> 鍤、钁、鑿、碓、筐、斧、鉗、鋸皆一，甲并二，鎌二。隊具火鑽
> 一，胸馬繩一，首羈、足絆皆三。人具弓一，矢三十，胡祿、横刀、
> 礪石、大觿、氈帽、氈裝、行縢皆一，麥飯九斗，米二斗，皆自備，

〔註14〕　（宋）歐陽修，《新唐書・兵志》，卷50，頁1324。
〔註15〕　張國剛，〈唐代兵制的演變與中古社會變遷〉，《中國社會科學》第4期（2006），頁179。
〔註16〕　孫繼民，《敦煌吐魯番所出唐代軍事文書初探》（北京：中國社會科學出版社，2000），頁53～55。
〔註17〕　（宋）歐陽修，《新唐書・兵志》，卷50，〈府兵之制〉，頁1324～1325。
〔註18〕　張晉藩，《中國官制史》（北京：中國人民出版社，1992），頁353～354。

并其介冑、戎具藏於庫。有所征行，則視其入而出給之。其番上宿

并者，惟給弓矢、橫刀而已。〔註19〕

以上所述皆爲唐代軍兵之一，府兵的人員相當多元，從最高階的折衝都尉到最低階的番上者，每個人員都有應盡的義務與職責，並根據不同的身分階級，分配戰鬥的武器或兵器，可見唐代府兵制度的完善。府兵平日散在諸州，大多從事農業生產，爲兵農合一的制度，並分番京師或各地宿衛，由中央十二衛統領諸府。〔註20〕

　　其次爲唐代的彍騎，自唐高宗、武后時，東困於奚契丹，西困於吐蕃，河北耗散，正因用兵之繁，人民難以負荷兵役之重，造成府兵制度漸漸衰微，番役更代多不以時。〔註21〕而此時期因戰爭頻繁，致使軍兵逃亡人數增加。府兵制度的衰敗，中央招募彍騎爲主要兵力，以取代府兵的不足。唐玄宗開元十一年（723），取京兆、蒲、同、岐、華府兵及白丁，而益以潞州長從兵，共十二萬，號「長從宿衛」，輪番二年，開元十三年（725）更名爲「彍騎」。至於選擇的對象，主要爲下戶之白丁、宗丁、品子，身體強壯者，且五尺七寸以上，不足者則兼以戶八等五尺以上，可免征鎮與賦役。〔註22〕關於彍騎的制度與人員組織，《新唐書·兵志》：

十人爲火，五火爲團，皆有首長。又擇材勇者爲番頭，頗習弩射。

又有羽林軍飛騎，亦習弩。凡伏遠弩自能施張，縱矢三百步，四發

而二中；擘張弩二百三十步，四發而二中；角弓弩二百步，四發而

三中；單弓弩百六十步，四發而二中：皆爲及第。諸軍皆近營爲堋，

士有便習者，教試之，及第者有賞。〔註23〕

唐代彍騎的組織，主要爲十人爲一火，五火爲一團的組織形式，平常大多練習軍備能力，在軍事能力方面比府兵制度下的兵員更加強壯、精練。府兵的衰敗，使朝廷改變原有的兵制，主要以「召募」兵員爲主。在地方官府方面，以方鎮之兵爲主，所謂「方鎮」爲節度使之兵，起於邊將之屯防

〔註19〕（宋）歐陽修，《新唐書·兵志》，卷50，〈府兵之制〉，頁1325。

〔註20〕張晉藩，《中國官制史》，頁354。

〔註21〕唐長孺，《唐書兵志箋正》（北京：科學出版社，1957），卷1，頁24。

〔註22〕（宋）歐陽修，《新唐書·兵志》，卷50，〈彍騎之法〉，頁1326～1327。關於「彍騎」名稱之始，《新唐書》載開元十二年（724），《唐會要》載開元十三年（725），又根據唐長孺之《唐書兵志箋正》，認爲《新唐書》所載有誤，應當爲開元十三年。

〔註23〕（宋）歐陽修，《新唐書·兵志》，卷50，〈彍騎之法〉，頁1327。

者。〔註 24〕唐初，戍邊的兵員可分爲：大爲軍，小爲守捉，另有城與鎮，而統領者稱爲道。所有的軍、城、鎮、守捉皆有使，而道有大將一人，稱爲大總管，後更名爲大都督。高宗永徽以後，大都督多帶使持節者，開始稱爲「節度使」。〔註 25〕此外，鎮、戍兵士稱爲防人或戍卒，爲番役，三年一輪番，均須自備糧食。唐代開元中期，防人之制有所變化，採用官給糧食的方式，委節度使放諸色征行人內及客戶中，招募丁壯自願充爲健兒者爲長期職業兵，長駐邊州，可稱爲「長從兵」或「長征健兒」。〔註 26〕

就上文所述，可略知唐代兵制的演變及組織人員。唐代可分爲「志願兵」和「義務兵」，不論是哪種身分的兵員，都必須遵守國家的規定，不可隨意逃避兵役或逃亡，否則會處以相當嚴厲的懲罰。至於輪番的義務兵，地方官府會配合「差科簿」，分派人員服役，如有違反者，亦會受到懲處。唐玄宗開元二十五年（737），對於兵員逃亡之事，頒布〈簡括諸軍兵募詔〉：「近聞諸軍兵募，逃喪者多，儻或臨戎，如何破敵。自今已後，每致交兵之時，令御史分駐諸軍，與節度使計議。簡括奏聞，隨事褒貶，以存勸戒。」〔註 27〕當戰爭頻繁之時，兵員可能常有逃亡與喪命的情形，故唐玄宗結合監察制度，並配合當地的節度使，以避免情況更加惡劣，藉此加強國防武力。唐代的軍兵人員具有維護國家安全的責任，臨敵之時豈可逃亡，因此中央制定相關法規，以規定軍兵應盡的責任。

二、軍兵逃亡與緝捕

唐代兵制之下所涵括的軍兵人員相當多元，可分爲按照戶等徵兵的府兵、兵募等，又有所謂的召募兵，如唐代開元以後的健兒等，此皆爲軍兵的一員。對於軍兵人員的逃亡，就唐代法律規定而言，有以下幾種身分及可能的狀況，《唐律疏議・捕亡律》卷 28「從軍征討亡」條：

〔註 24〕關於「方鎮兵」的崛起，北周府兵主要以出征爲主，事罷而返，無須擔負鎮戍之責。但平定北齊之後，府兵開始有鎮戍的責任，隋唐延續北周兵制特色，造成府兵久戍不歸的情況，致使府兵制度受到影響，改以召募長征健兒。開元二十六年（738）之後，節度使所統之兵多爲「長征健兒」。出自唐長孺，《唐書兵志箋正》，卷 2，頁 33。

〔註 25〕（宋）歐陽修，《新唐書・兵志》，卷 50，〈方鎮〉，頁 1328～1329。

〔註 26〕張晉藩，《中國官制史》，頁 356～357。

〔註 27〕（宋）王欽若等撰，《冊府元龜・帝王部》，卷 62，〈發號令二・玄宗・簡括諸軍兵募詔〉，頁 711-2。

> 諸征名已定及從軍征討而亡者，一日徒一年，一日加一等，十五日
> 絞；臨對寇賊而亡者，斬。主司故縱，與同罪。軍還而先歸者，各
> 減五等；其逃亡者，同在家逃亡法。〔註28〕

就上述律文規定，可將兵員的逃亡分成以下幾種現象：一，「征名已定」即衛士及募人征名已定訖，其中大多爲「義務兵」，官方單位主要依照戶籍，按戶等徵收一定的兵員，會有固定的服役期限，若未到相關軍事機構辦理報到，就算爲逃兵。二，從軍、行軍的狀況下，不願服滿兵役者，因而逃亡的兵員，此類雖已入軍隊，但未能如期服兵役，亦屬逃兵。以上兩種逃兵皆按照逃亡的天數計算，逃亡一日，徒刑一年，多一日則加一等，超過十五日處以絞刑。三，臨陣脫逃者，此類兵員雖已符合報到與從軍的條件，但是面對敵人卻畏懼脫逃，屬逃兵的行爲，且有礙於軍隊抗敵的情勢，造成我軍的潰敗，不計逃亡日數及行遠近，皆處以斬刑，嚴懲臨陣脫逃的兵員。若爲主將臨敵脫逃，《唐律疏議‧擅興律》：「諸主將以下，臨陣先退；若寇賊對陣，捨仗投軍及棄賊來降，而輒殺者：斬。」〔註29〕從「主將臨陣先退」條看來，不論爲將或兵，臨陣脫逃皆處斬，可見軍兵未戰而亡、降，乃身爲軍人最爲可恥的事，且在軍法的規定下，也最爲嚴厲。四，主司故縱，與逃亡兵員處以相同刑罰。此處主司爲高階的軍事指揮人員，兵員逃亡已致使軍隊勢力略減，主司故縱有故意違反之舉，加上失職之過，理當與逃兵同罪。五，軍還而先歸，並無逃亡之行爲，《唐律疏議‧捕亡律》對此加註說明：「軍雖凱還，須依部伍，若不隨團隊而輒先歸者，各減軍亡罪五等」。〔註30〕六，軍還先歸且逃亡他地，則以「在家逃亡法」處罪，則一日笞四十，十日加一等，罪止流二千里。就上述六種情況而言，唐代對於兵員的逃亡情形，處以不同的罪刑，但不論是哪種形式的逃亡，唐代對於逃兵皆以重刑爲主，若臨陣脫逃則處以斬刑，更見官方控管兵員的意圖與執行力。

　　除了上述逃亡的兵員，如在中央方面，另有駐守京師或宮殿，以維護治安的宿衛人，關於宿衛人的逃亡問題，《唐律疏議‧捕亡律》：「諸宿衛人在直

〔註28〕　（唐）長孫無忌，《唐律疏議‧捕亡律》卷28，「從軍征討亡」（總457條），頁531～532。

〔註29〕　（唐）長孫無忌，《唐律疏議‧擅興律》卷16，「主將臨陣先退」（總234條），頁308。

〔註30〕　（唐）長孫無忌，《唐律疏議‧捕亡律》卷28，「從軍征討亡」條（總457條），頁532。

而亡者，一日杖一百，二日加一等。即從駕行而亡者，加一等」。〔註31〕所謂「宿衛人」即「大將軍以下、衛士以上，以次當上，宿衛宮殿。上番之日，皆據籍書」。〔註32〕唐代府兵稱爲「衛士」，不須四處征戰時，則宿衛京師，故又可稱爲「宿衛」。就宿衛人的職責而言，主要爲防守宮殿、京師或是邊防安全，在輪番的期限內逃亡，亦屬於不當的失職行爲，並且具有防守的重責，逃亡一日杖一百，逃亡二日就加一等。就刑罰而言，雖屬於京師宿衛的工作，本身並無臨敵脫逃或逃兵的違法行爲，較從軍而逃之兵員爲輕，但宿衛人又較逃亡的防人、鎮人更重，乃因京師實屬重地，若有危害皇權之舉，理當重罰。宿衛人若是從駕行而亡，則罪刑加一等，乃根據「從軍征討亡」條科罪，此時宿衛人因身具重任，陪駕而行，本該維護皇帝的安全，卻於車駕中逃亡，其犯罪行爲又較宿衛人逃亡更爲嚴重，故究其刑責再加一等，嚴懲脫隊而亡的情形。

此外，若就地方的兵制而言，有所謂的「防人」與「鎮人」。對於此類兵員管理的問題，唐律規定：「諸防人向防及在防未滿而亡者。一日杖八十，三日加一等。」〔註33〕此處「防人」亦包含「鎮人」，即唐代兵員和負責邊防的方鎮兵，主要爲召募的「志願兵」。此類兵員在唐代中葉以後，隨著地方方鎮的崛起，更顯其重要性。只要未符合法律的規定，則須處以重罰，逃亡一日杖八十，逃亡三日加一等，所處之刑罰較從軍的「義務兵」爲輕，可看出唐代對於不同兵種的職務，所處之罪刑也會有所差異。關於捕捉逃亡兵員，除了法律的規定之外，在令方面則有行政上的規定。如《天聖‧捕亡令》之復原唐令1：

> 諸囚及征防、流移人逃亡及欲入寇賊者，經隨近官司申牒，即移亡者之家居所屬及亡處比州比縣追捕。承告之處，下其鄉里村保，令加訪捉。〔註34〕

上述令文提到囚犯、征防、流移人、欲入寇賊者等身分，唐代「征人」爲臨

〔註31〕（唐）長孫無忌，《唐律疏議‧捕亡律》卷28，「宿衛人亡」（總460條），頁533。

〔註32〕（唐）長孫無忌，《唐律疏議‧衛禁律》卷7，「宿衛冒名相代」（總62條），頁153。

〔註33〕（唐）長孫無忌，《唐律疏議‧捕亡律》卷28，「防人向防及在防亡」（總458條），頁532。

〔註34〕天一閣博物館‧中國社會科學院歷史研究所天聖令整理課題組，《天一閣藏明鈔本天聖令校證‧唐令復原研究》之復原唐捕亡令1，頁549～550。

時召募的兵士，〔註35〕「防人」爲徵調上番者。〔註36〕爲約束軍兵的逃亡，避免危害國家軍事，因而於令文中特別指出「征防」的法律問題。對於逃兵的追捕方式，先向當地官司提報，再由緝捕者進行追捕工作。關於追捕一事，除了州縣官府須接獲通知之外，也要將緝捕通知下達鄉、里、村、保等基層行政單位，並要求鄉、里、村、保協助緝捕逃亡者，可見唐代對於逃亡防人的重視。

　　唐代對於逃亡的軍兵，以重刑的方式科罪，藉此減低逃亡的現象，但唐中葉以後，面對的戰爭與強敵越來越多，逃亡兵員的情形亦屬常見，雖有緝捕者進行追捕的工作，然成效有限。不同時期對於逃兵的處置，隨唐代的政局而有所差異。唐高祖時期，爲拉攏人心，穩定局勢，下詔曰：「其義士募人有背軍逃亡者，自武德二年（619）十月二十日已前，罪無輕重，皆赦除之。……自今已後，有背軍鎮征役者，隨即科處，必無容貸。」〔註37〕唐玄宗時期有相關史料記載：「諸州背軍逃亡人，限制到日百日內，各容自首。」〔註38〕關於軍兵逃亡的問題，唐玄宗對於開元七年（719）前逃亡的兵員，特赦免罪，並另入簿籍，重新恢復他們身分。此外，唐玄宗對於軍兵等相關規定下詔曰：

> 朕念三軍之勤役，率萬姓以供饋，躬自節儉，而贍濟之。定尺籍伍，厚其資糧扉屨，掖庭織室，俾給戎衣，鈎盾弄田，亦調軍食，推誠惠養，靡不至焉。雖感激忠義，勇於赴難，而差次官賞，固不遺勞，誠宜戮力，以永所事。如聞諸節度及團練使下官健，多有逃入諸軍，去其所從，犯我明禁，在於國令，固合懲姦，眷其戎勳，尚容改過。自今已後，切宜禁止。應有此色，諸軍不得輒容，差人遞還，各付所統。
>
> 其額內官健有逃死者，不須更填，宣示軍州，令知朕意。〔註39〕

自古皆有逃兵的問題，但如何減低逃亡的現象，則有待皇帝的處理方式，除了以重刑嚴懲之外，似乎運用獎勵或優渥的條件可減低這樣的問題。從上述皇帝的敕令中，可知唐代對於軍兵的賞賜不少，盡量利用優渥的條件，減低

〔註35〕　（唐）長孫無忌，《唐律疏議・擅興律》卷16，「揀點衛士征人不平」（總227條），頁302。

〔註36〕　（唐）長孫無忌，《唐律疏議・擅興律》卷16，「遣番代違限」（總239條），頁312。《疏》議曰：「依軍防令：『防人番代，皆十月一日交代』」。

〔註37〕　（宋）王欽若等撰，《冊府元龜・帝王部》，卷83，〈赦宥二・高祖・赦逃亡募人詔〉，頁982-2。

〔註38〕　（清）董誥，《全唐文》，卷22，唐玄宗，〈科禁諸州逃亡制〉，頁256-2。

〔註39〕　（清）董誥，《全唐文》，卷410，常袞，〈禁諸道將校逃亡制〉，頁4205-1。

軍兵人員的逃亡，也看出皇帝對於改善逃兵現象的用心。

唐代爲了避免軍兵的逃亡，不論是運用嚴刑峻法的方式，或是使用豐厚條件以充實兵力，但是兵役問題依舊是國家的重要大事。《吐魯番出土文書》，〈武周兵曹牒爲申報前庭等府逃兵名事〉即提到逃兵一事：[註40]

1. 檢校兵曹向州
2. 上州爲陳等（？）色逃　□□□□□□□□□
3. 兵曹
4. 　　呂昆丘　索貞□　□□□□□□仁爽　張長□已上前庭
5. 　　高大信　蒲昌府
6. 　　又依檢案　□□□□□□□
7. 　　人不到鎮巳今（月）參（日）判申　□□□□□
8. 　　岸頭府兵楊明□（下殘）
9. □□□□□□□□□□
10. 　　上又得　□□□□□□
11. 　　逃　□□□□□□
12. 　　牒件狀如前　□□□□□

　　　　　　　（後缺）

以上所述爲逃兵的名籍，這些兵員已過三日，卻尙未到軍府報到，因此由兵曹發牒，通緝這幾名逃兵，推測兵曹會將此名單交由緝捕者負責追捕。另外，關於訪捉軍兵一事，《吐魯番出土文書》，〈唐開元二十八年（740）土右營下建忠趙伍那牒爲訪捉配交河兵張式玄事〉有載：[註41]

1. 土右營 牒建忠 趙伍那
2. 　兵張式玄
3. 牒：得上件人妹阿毛經軍陳辭：前件兄身是三千軍兵名，
4. □（當）今年三□（月）配交河車坊上，至今便不迴，死活不分。
　　阿
5. 毛兄別籍，又不同居，恐兄更有番役，浪有牽挽。阿毛孤

〔註40〕《吐魯番出土文書》第七冊，阿斯塔那209號墓，〈武周兵曹牒爲申報前庭等府逃兵名事〉，頁58～59。

〔註41〕劉海年、楊一凡主編，《中國珍稀法律典籍集成》（北京：科學出版社，1994）甲編第四冊，阿斯塔那178號墓，〈唐開元二十八年（740）土右營下建忠趙伍那牒爲訪捉配交河兵張式玄事〉，頁453～454。

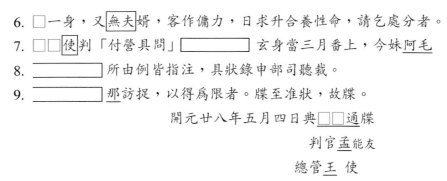

6. □一身，又無夫婿，客作傭力，日求升合養性命，請乞處分者。

7. □□使判「付營具問」□□□□□□ 玄身當三月番上，今妹阿毛

8. □□□□□□ 所由例皆指注，具狀錄申部司聽裁。

9. □□□□□□ 那訪捉，以得爲限者。牒至准狀，故牒。

開元廿八年五月四日典□□通牒

判官孟能友

總管王 使

唐代軍隊的編制，多以軍、營、隊相稱。唐代前期的府兵多以衛、府、團、旅、隊相稱，唐代中期的鎮軍多以軍、營、城、鎮、守捉、隊相稱。〔註 42〕從上述的史料看來，所謂「右營」爲軍鎮單位之一，案例中的張式玄應當爲方鎮兵員。兵員張式玄理當在開元二十八年（740）三月時，發派到交河車坊駐防，然張式玄至今未回，無法如期在三月行駐防之職。其妹阿毛與兄別居，爲此向軍方陳訴，因此土右營發牒至相關官司，交由趙伍那訪捉張式玄歸案。此處趙伍那爲當地的緝捕者，由趙氏帶領相關緝捕者至嫌疑之處，追回張式玄。案例用「訪捉」二字，乃指緝捕者根據當地戶籍資料或是兵籍，一一查訪、核定，再將張氏追回。從「訪捉張式玄」案中，可知唐代軍兵逃亡或不見蹤跡時，可藉由相關軍事機構發文至當地官司，以進行緝捕兵員的工作，也可看出唐代在處理逃亡兵役的方式。以上兩例皆爲高宗、武周以後的文書記載，因爲國家對外戰爭頻繁，加上府兵制度本身的缺陷，唐代中央又不願在兵制上多作改善，人民難以負荷沈重的戰爭壓力，致使兵員逃亡人數增加，面對逃亡兵員增加的情形，雖然中央多次下令免除逃兵之刑罰，但效力不大，軍兵逃亡之問題仍舊存在。

軍隊的統一是一國國防的標竿，國家對於軍兵人員的治理更是重要。畢竟大量的逃兵，可能爲了躲避緝捕，流離失所，甚至對當地治安有不良的影響，爲了嚴禁這類的狀況發生，唐代官方制定相關律令嚴懲逃兵。從法律文獻的記載看來，如中央到地方官司的處理程序，以及軍隊首長的治理等多面向探討，可知唐代對於軍兵人員的管理與約束。此外，爲了避免逃兵現象的增加，皇帝也會隨其局勢，另下詔規定逃兵自首可免罪的特赦。唐代官方面對不同的狀況，予以相對應的規定與刑責，藉此維護國家體制的運作與良好的社會秩序。

〔註42〕孫繼民，《敦煌吐魯番所出唐代軍事文書初探》，頁 204。

第三節　一般犯罪人

　　本節所謂「一般犯罪人」，乃指不具特殊身份的一般違法行為者，如竊盜、殺人、強盜、姦淫、傷人、收贓等犯罪行為，這類對象在犯罪之後，又可分為當場捕捉或逃亡後再行追捕兩種。若為當場捕捉，雖沒有逃亡行為，卻具有違法的犯罪行為，故緝捕者應當立即收捕歸案。若本身犯罪後，再行逃亡之實，則具逃亡行為及犯罪行為，其刑罰通常會加等，以嚴懲犯罪者。以下就犯罪對象，略作討論：

一、一般犯罪行為與緝捕

　　對於「盜」的定義，指侵犯官私財產的行為。盜，謂強盜、竊盜。〔註43〕不論使用何種方式，非法取得佔有他人或官方財物的行為均構成「盜」罪。〔註44〕《唐律疏議・賊盜律》載：「諸盜，公取、竊取皆為盜。」《疏》對此云：「『公取』，謂行盜之人，公然而取；『竊取』，謂方便私竊其財：皆名為盜。」〔註45〕另有「強盜」的行為：「以威若力而取其財，先強後盜、先盜後強等。若與人藥酒及食，使狂亂取財，亦是。」〔註46〕至於「竊盜」犯罪行為的定義：「竊盜人財，謂潛形隱面而取。」〔註47〕強盜罪是以暴力手段公開非法取得他人財產，對社會秩序造成嚴重的影響，因此懲罰也較重。〔註48〕就強盜、竊盜的行為而言，因為取得財物的手段不同，唐律對犯罪者的規定也不同，若以強盜為犯罪手法，刑責勢必會重於竊盜罪。

　　此外，一般犯罪行為也包含「殺人罪」。唐律沒有特別指出幾種殺人的類型，其中提到謀殺人、因盜過失殺人、鬥毆殺人、戲殺傷人、過失殺傷人等，至於有哪幾種殺人類型，唐代並沒有特定的名稱或種類。根據元代《吏學指南》所載，徐元瑞將殺人罪行可分為七殺。〔註49〕殺人類型有很多不同的類型，可分為謀殺、故殺、鬥殺、戲殺、過失殺、誤殺、姦殺、劫殺等。如所

〔註43〕（唐）長孫無忌，《唐律疏議・名例律》卷 5，「盜詐取人財物首露」（總 39 條），頁 109。

〔註44〕張晉藩，《中國法制史》，頁 281。

〔註45〕（唐）長孫無忌，《唐律疏議・賊盜律》卷 20，「公取竊取皆為盜」（總 300 條），頁 379。

〔註46〕（唐）長孫無忌，《唐律疏議・賊盜律》卷 19，「強盜」（總 281 條），頁 356。

〔註47〕（唐）長孫無忌，《唐律疏議・賊盜律》卷 19，「竊盜」（總 282 條），頁 358。

〔註48〕張晉藩，《中國法制史》，頁 281。

〔註49〕（元）徐元瑞，《吏學指南》，〈七殺〉，頁 60。徐元瑞認為「七殺」為謀殺、故殺、鬥殺、戲殺、過失殺、誤殺、劫殺。

謂「謀殺」，指二人以上，具有策劃的殺人計畫，亦包含雇人謀殺的行為；若謀殺計畫已洩漏，未能達成謀殺，雖獨一人，視同二人謀法，徒三年。以傷害被害人，處以絞刑。被害人已死，處斬。〔註50〕又「故殺」，沒有預先謀畫的故意殺人，此有別於謀殺，對於故殺的罪刑大多處以死刑，若殺而未死，以故傷論罪。另有「鬥殺」，雙方無殺對方之意，卻因相鬥造成他方死亡，此處與故殺和謀殺不同，在於「原無殺心」。又有「戲殺」，雙方皆無害心，乃用危險物品遊戲，或做一些危險動作，造成對方死亡。又如「過失殺人」，因當事人過失，造成對方死亡。亦包含「誤殺」，雖有殺人動機，而被殺者並非想要殺死的人。〔註51〕殺人罪也有特殊的類型，如復仇殺人與姦殺等。唐代對於復仇殺人一事，仍以謀殺、鬥殺、過失殺等方式論處，並無另外規定其刑責。〔註52〕至於「姦殺」，也列為其他殺人罪行處置，「姦殺」在此另外所提乃因其方式與其他殺人行為不同，唐代殺人類型並沒有特別的規定，只能從其犯罪動機與行為略加分類。本文在此不另加詳細說明殺人罪之類型，主要乃提及一般犯罪行為中的「殺人」行為，雖未完全提及各種殺人方式與可能情況，但主要為以上所述幾種類型。殺人之罪在唐代為重刑，執法者可依據案情之輕重，處以不同的刑罰。

再者，另有所謂「傷害罪」。《唐律疏議》對此注曰：「相爭為鬥，相擊為毆。」若以手足毆人或用他物毆擊，造成對方受傷見血，皆屬於傷害罪，並依其受傷程度，處以不同的罪刑。〔註53〕關於其他犯罪行為，也包含謀反、詐偽罪、略賣人口、誣告罪、強姦罪、劫囚等犯罪行為，此皆危害社會秩序與治安管理，故唐代中央根據犯罪者的行為，擬定罪名與刑罰，再交由官司負責審理。以上所述之犯罪類型，僅見於唐律中所規定的一般性犯罪行為，本文對於各類犯罪行為或類型在此無法窮盡，僅以上述之可能類型略作說明。

對於地方官吏與當地社會秩序之維護，若轄區內出現犯罪者，地方官沒有立即告官追捕，反倒容隱罪人，另有相關法律規定：

> 諸部內有一人為盜及容止盜者，里正笞五十，三人加一等；縣內，

〔註50〕（唐）長孫無忌，《唐律疏議·賊盜律》，卷17，「謀殺人」（總256條），頁329。
〔註51〕張晉藩，《中國法制史》，頁283～284。
〔註52〕郭建、姚榮濤、王志強等著，《中國法制史》（上海：上海人民出版社，2006，第二版），頁286～290。
〔註53〕（唐）長孫無忌，《唐律疏議·鬥訟律》卷21，「鬥毆以手足他物傷」（總302條），頁383。

一人笞三十，四人加一等；州隨所管縣多少，通計爲罪。各罪止徒二年。強盜者，各加一等。即盜及盜發、殺人後，三十日捕獲，主司各勿論；限外能捕獲，追減三等。若軍役所有犯，隊正以上、折衝以下，各準部內征人冒名之法，同州、縣爲罪。〔註54〕

「部內」所指爲負責州、縣、鄉、里所管理的範圍，如有盜賊及傷殺者出沒，唐代規定：「告隨近官司、村坊、屯驛。聞告之處，率隨近軍人及夫，從發處追捕。」〔註55〕凡發生有盜者或殺人案件，緝捕者若三十日內完成追捕工作，則主司不論罪；若是超過三十日者，則減原罪三等，此處「原罪」即律本所述「部內有人爲盜或容止盜者」之罪，主要爲懲罰部內主司失職之過，包含州、縣、鄉、里等。至於軍隊內所發生的盜案，則根據「部內征人冒名之法」，軍團內有人爲盜及容止盜者，其主司與州縣主司相同，皆須論罪。從唐律的規定中，可知中央對於盜者的處理與重視，如果地方官沒有善盡責任，行教化、導正之舉，則依其官階高低，予以懲罰。此外，若有強盜罪出現，則當地的地方官也會遭到嚴懲，更見唐代結合地方官吏的管理與當地治安的維持，藉此維護良好的社會秩序。而盜者人數的多寡，更是這些地方官考績的依據，加上捕亡制度的配合，以減低人民的犯罪行爲。

以上所述爲立即追捕犯罪者的情形，另有以服刑之罪犯逃亡的狀況。唐代規範了緝捕者與罪犯之間的法律問題。就法律條文而言，囚犯逃亡則罪上加罪，刑罰重於原本之刑。如於《唐律疏議・捕亡律》提到關於囚犯的逃亡規定：

諸流徒囚，役限內而亡者，犯流、徒應配及移鄉人，未到配所而亡者，亦同。一日笞四十，三日加一等；過杖一百，五日加一等。主守不覺失囚，減囚罪三等；即不滿半年徒者，一人笞三十，三人加一等，罪止杖一百。監當官司，又減三等。故縱者，各與同罪。〔註56〕

所謂「流、徒囚」乃被判爲流刑或徒刑之囚犯，包含犯流、徒應配及移鄉人。

〔註54〕（唐）長孫無忌，《唐律疏議・賊盜律》卷20，「部內人爲盜及容止盜」條（總301條），頁379～381。

〔註55〕（唐）長孫無忌，《唐律疏議・捕亡律》卷28，「鄰里被強盜不救助」（總456條），頁531。

〔註56〕（唐）長孫無忌，《唐律疏議・捕亡律》卷28，「流徒囚役限內亡」（總459條），頁533。

流因在《天聖令》中又稱為「流移人」，流刑可分為三千里、兩千五百里、兩千里三種。「徒囚」為徒刑者，可分為一年、一年半、二年、二年半、三年五種。上述之律文主要可分為四種不同身分的流徒囚人逃亡：一，所有的流、徒囚，役限內而亡者，即流、徒囚在服刑的期限內逃亡則屬逃犯，因本身即有罪，加上逃亡之罪，其刑更重。逃亡一日笞四十，逃亡時間越久，其所判之刑罰越重。二，若是流徒囚人逃亡，但主守未發覺失囚，則主守本身因失職，則處以減逃亡罪犯三等之罪；律文也規定不滿半年的徒囚，主守失之，隨其逃亡人數、時間，判處不同的刑罰。三，與上述情形相同，但主要失囚者為監當官司，又可減主守之罪三等，所處之刑罰較主守為輕，此可看出相關的執法人員，隨其身分等級不同，面對失囚之事，給予不同的執法標準。四，故意放縱流徒、囚人逃亡者，這不只犯了主守失職之過，且具有「故意」為前提，其判決標準應當重於主守、監當官不覺的情形，故與逃亡之流囚徒相同的罪刑。是故，唐代以重刑減少逃亡的情形，並以此為警戒，不失其法律效力，讓人民與逃犯者皆有所警惕，不敢任意妄為。

二、緝捕盜賊的探討

唐代各朝君王皆相當重視緝捕盜賊的問題，藉由下詔的方式，要求地方官嚴懲當地的賊寇。對此，唐太宗貞觀十六年（642）頒布〈禁諱盜詔〉，認為盜賊問題之所以無法完全解決，乃因「州縣官人，多求虛譽，苟有盜發，不欲陳告。」[註57] 就如《唐律疏議‧捕亡律》「流徒囚役限內亡」條所規定，[註58] 若地方官未能完全控制盜賊人數，則會受到法律的懲處，官吏為了考績及自保，因此多不願上呈案件，致使當地盜賊未受到法律的制裁。故唐太宗對此另規定：「自今已後，勿使更然。所司明加採察，隨事繩糾。」[註59]更見太宗對於當地社會秩序的重視。經過安史之亂後，唐代局勢及治安受到嚴重破壞，盜賊問題層出不窮，「自東都至淮泗，緣汴河州縣，自經寇難，百姓彫殘，地闊人稀，多有盜賊。」唐代宗永泰元年（765）對此記載：「宜委王縉各與本道節度計會商量，夾河兩岸，每兩驛置防援三百人，給側近良

〔註57〕　（宋）王欽若等撰，《冊府元龜‧帝王部》，卷63，〈發號令二‧太宗‧禁諱盜詔〉，頁706-2。

〔註58〕　（唐）長孫無忌，《唐律疏議‧捕亡律》卷 28，「流徒囚役限內亡」（總 459條），頁 533。

〔註59〕　（宋）王欽若等撰，《冊府元龜‧帝王部》，卷63，〈發號令二‧太宗‧禁諱盜詔〉，頁706-2。

沃田，令其營種，分界捉搦。」〔註60〕唐中葉之後，經過多次的戰爭與地方上的紛亂問題，造成盜賊的數量有增無減，代宗增派人手加強沿邊的管理。唐憲宗於元和十五年（820）即位後，對於京畿內盜賊依法科斷，不可赦免，並下詔曰：「京畿應有姦非盜賊等，希恩故犯，情不可原，並依法處斷，不在赦宥之限。」〔註61〕可看出唐憲宗決心治理京畿內的盜賊問題。唐文宗大和四年（830）對此甚至下詔，要求神策軍與府縣協助捕捉寇賊，「如實是殺人及強盜，罪跡分明，不計贓之多少，聞奏訖牒報本司，便付京兆府決殺。」〔註62〕從上述幾位皇帝的詔令中，可知唐代盜賊問題一直是治安管理的一環，尤其在京畿附近的地方官府，更是重視盜賊的數量多寡，避免危害當地百姓與皇權的安危，畢竟盜賊一日不除，則容易成為社會秩序的破壞者，故唐代皇帝對此都予以嚴厲的懲戒。

關於唐代緝捕盜賊一事，《吐魯番出土文書》之〈西州都督府法曹下高昌縣符為掩劫賊張爽等事〉：〔註63〕

1. 盜賊送此勘當 ▢▢▢▢▢
2. 牒所掩張爽等事，緣 ▢▢▢
3. 縣，仰子細括訪獲因

       仔

4. 物主同上，以得為限。仍縣符到兩日內連
5. 申者，此▢下諸縣，并鎮、營、市司 ▢▢▢▢
6. 訖。符到奉行。
7.   府宋閏
8. 法曹參軍收首
9.   史
10.   垂拱元年（686）十二月十八日 ▢▢▢
11.   十二月廿日錄事唐

〔註60〕 （宋）王欽若等撰，《冊府元龜・帝王部》，卷64，〈發號令三・代宗・緣汴河置防援詔〉，頁716-2。

〔註61〕 （宋）王欽若等撰，《冊府元龜・帝王部》，卷65，〈發號令四・憲宗・京畿盜賊不在赦限詔〉，頁722-1。

〔註62〕 （宋）王欽若等撰，《冊府元龜・帝王部》，卷65，〈發號令四・文宗・令神策軍與府縣協捕寇賊詔〉，頁723-2～724-1。

〔註63〕 《吐魯番出土文書》第七冊，阿斯塔那29號墓，〈西州都督府法曹下高昌縣符為掩劫賊張爽等事〉，頁86～87。

12.　　　　　　主簿　　　　　慎

13.　　　撿案□　□　　白

（後缺）

此處所述之西州都督府法曹，於本文第一章「捕亡制度的建立與組織」中，即提到法曹爲地方官府監督緝捕盜賊的組織單位，法曹下令高昌縣負責追捕盜賊張爽，從這更能看出整個行政程序的運作模式，緝捕盜賊的任務主要交由縣衙負責。此處所言「盜賊送此勘當」，乃指經過西州都督府勘驗後，確定張爽等人爲緝捕對象，文獻中雖有缺漏，但從「緣□□□縣」中，可知此次緝捕任務爲高昌縣負責，主要由縣尉帶領緝捕者進行追捕。此外，所謂「仰子細括訪獲」，即緝捕者應當仔細對照戶籍資料，進行訪捉的程序，避免捕錯對象。最後，「此□下諸縣，并鎮、營、市司□□□　訖。符到奉行。」此段顯示出緝捕盜賊一事，非單是縣衙的工作，亦包括軍事單位之鎮、營，或是市場單位之市司等，皆須留意盜賊的出沒，若有所發現須立即緝捕歸案，可看出唐代在緝捕的過程中，由當地所有的行政單位一同進行。雖然由縣衙之縣尉帶頭負責追捕張爽，但其實所有的軍事人員、百姓、官吏等，都具有維護社會秩序的責任，就如《唐律疏議・捕亡律》之「鄰里被強盜不救助」條所言：「告隨近官司、村坊、屯驛。聞告之處，率隨近軍人及夫，從發處尋縱，登共追捕。」〔註64〕透過基層行政單位的通報系統，並動員相關官府人員，甚至是平民，在必要、緊急的狀況下，都需要盡力完成追捕工作，此正是唐代捕亡制度的一大特色。

　　另外，在《折獄龜鑑》中，也記載了緝捕者追捕盜賊的經過，本次案件發生在唐代貞觀年間，本文主要藉此探討緝捕過程的執行與法律規範之間的關係：

　　衛州版橋店主張逖妻歸寗。有魏州三衛楊正等三人投店宿，五更早發。是夜，有人取其刀殺逖，卻納鞘中，正等不覺。至曉，店人追及，刀血狼籍，收禁考掠，遂自誣服。太宗疑之，差御史蔣常覆推。常至，追店人十五以上皆集，人數不足，因俱放散，獨留一嫗年八十餘，晚乃令出，密遣獄典覘之，曰：「有人共語，即記姓名。」果有一人問嫗：「使人作何推勘？」前後三日，並是此人。捕獲詰問，

〔註64〕　（唐）長孫無忌，《唐律疏議・捕亡律》卷28，「鄰里被強盜不救助」（總456條），頁531。

具服：與逖妻奸殺逖，有實跡。正等乃釋。〔註65〕

衛州版橋店主張逖某夜被投宿客人殺害，當天投宿客楊正等人皆不知情，此時「店人追及，刀血狼籍，收禁考掠，遂自誣服」。關於店人的行為，符合唐律規定：「諸鄰里被強盜及殺人，告而不救助者，杖一百。」〔註66〕鄰里發生賊盜、殺人事件，皆須立即捕捉嫌犯，更何況是店人，故店人及時追捕，並將證物帶回官司處理。從本案例可看出，追捕罪人之事任何人皆可執行，並且將罪人交由官府收禁考掠，以查明真相。御史蔣常受命辦理此案，若須證人作證，須「捕獲詰問」，以獲得正確的情報與證據。因此，蔣常「追店人十五以上皆集」，傳喚店內十五歲以上者到案說明，並透過多方的查證與觀察，才獲得正確的資訊，將真正的罪犯緝捕歸案。以上所述為唐代緝捕罪人的過程，在此不討論此案件的審案與破案過程，主要藉此探討唐代在緝捕犯罪者時，是否依循法律的途徑與規範。就案例的呈現而言，追捕一般犯罪人，是每個人的責任，必要時才須由緝捕者進行追捕工作，可看出唐代在社會秩序的維護上，有很大的作用力，而此股動力正是捕亡制度存在的重要因素。

第四節　逃亡戶口

本節所討論之「逃亡戶口」，即根據戶籍資料須為國家服役、納租的人民，主要可分為兩類，一為應服役卻亡失者，二為浮浪他所的亡戶。逃亡戶口通常為了躲避徭役或租稅，因而逃至其他地區，造成許多社會問題，加上唐代行「租庸調制」，戶籍資料是掌控全國的重心，如果戶籍有所出入，或是與實際狀況不合時，勢必帶來嚴重的影響，故唐代將戶籍的掌握結合法律規定，嚴懲私自脫逃戶籍者，以及應服役卻亡的丁口。

一、唐代的戶籍制度

關於唐代的戶籍制度，《舊唐書》記載：「凡男女，始生為黃，四歲為小，十六為中，二十有一為丁，六十為老。每一歲一造計帳，三年一造戶籍。縣以籍成于州，州成于省，戶部總而領焉。」〔註67〕唐代以鄉里為社會基層單

〔註65〕（宋）鄭克著、劉俊文譯注，《折獄龜鑑譯注》，卷1，〈釋冤上・蔣常留嫗〉，頁35。

〔註66〕（唐）長孫無忌，《唐律疏議・捕亡律》卷28，「鄰里被強盜不救助」（總456條），頁531。

〔註67〕（後晉）劉昫，《舊唐書・職官志》，卷43，〈尚書都省・戶部〉，頁1825。

位，里正是基層的戶口查核者，收得家長申報之後的手實後加以統計查核。州縣將手實、計帳編纂成戶後，國家按戶籍才可課役徵賦。〔註 68〕戶籍制度是中央控制全國的重要一環，主要由中央下令，地方官府執行戶籍的整理與通報，將所有人民的資料統整於中央建檔。此外，戶籍依據身分高低、財富多寡，可分爲九等。〔註 69〕

唐代賦役制度有四類：一爲租，二爲調，三爲役，四爲雜徭。〔註 70〕此制爲武德二年（619）頒布的租庸調法，其中凡授田者，服勞役二十天，如不服役可用絹或布代替。唐中葉後期，均田制受到破壞，嚴重影響國家財政收入。〔註 71〕《新唐書》也指出：「租庸調之法，以人丁爲本。自開元以後，天下戶籍久不更造，丁口轉死，田畝賣易，貧富升降不實。其後國家侈費無節，而大盜起，兵興，財用益屈，而租庸調法弊壞。」〔註 72〕故戶籍制度在於國家體制運作完善與否，租庸調法的崩潰，造成戶口大量流失，人民流離失所，或爲戰爭而逃，或是躲避徭役而逃，對於中央而言，實爲重要的改革因素之一。唐德宗即位後，實行兩稅法，相關內容於《新唐書》曰：「夏輸無過六月，秋輸無過十一月。置兩稅使以總之，量出制入。戶無主、客，以居者爲簿；人無丁、中，以貧富爲差。」〔註 73〕不論土著戶、客戶、外來戶一律編入戶籍，不分家中丁男、中男，根據家中資產分等級，在居住地納稅，原本的租庸調和一切雜役、雜稅一律取消，但「丁額不廢」。〔註 74〕雖然唐代在賦役制度上有所更動，但戶籍的重要性依舊存在，國家會根據戶籍資料，要求人民服役與納稅，只是在過程中略有改變，但其本質依舊，更見唐代戶籍制度與社會控制之間的關聯性。

關於唐代編戶過程中，可分爲良民與賤民，戶籍登載對象以良民之民

〔註 68〕黃玫茵，〈編戶管理的法制化〉，收錄高明士主編《唐律與國家社會研究》，頁 298～299。

〔註 69〕凡天下之戶，量其資產，定爲九等。出自（後晉）劉昫，《舊唐書・食貨志》，卷 48，〈兩稅〉，頁 2089。

〔註 70〕（後晉）劉昫，《舊唐書・職官志》，卷 43，〈尚書都省・戶部〉，頁 1825。

〔註 71〕張晉藩，《中國法制史》，頁 276。

〔註 72〕（宋）歐陽修，《新唐書・食貨志》，卷 52，〈兩稅法〉，頁 1351。

〔註 73〕（宋）歐陽修，《新唐書・食貨志》，卷 52，〈兩稅法〉，頁 1351。

〔註 74〕建中元年（780）二月，遣黜陟使分行天下，其詔略曰：「戶無主客，以見居爲簿。人無丁中，以貧富爲差。行商者，在郡縣稅三十之一。居人之稅，秋夏兩徵之。……餘征賦悉罷，而丁額不廢」。出自（後晉）劉昫，《舊唐書・食貨志》，卷 48，〈兩稅〉，頁 2093。

為主，因良民才是唐代徵收賦役及實施土地法的對象；賤民不授田，若屬公家所有，則由公家單位管理；私有賤民，與良民同住，歸入民戶資料管理。〔註75〕本節所討論的對象為服役的丁夫和雜匠，所謂「丁夫」，就《唐律疏議》規定：「差遣之法，謂先富強，後貧弱；先多丁，後少丁。凡丁分番上役者，家有兼丁，要月；家貧單身，閑月之類。」另有所謂「雜匠」為雜色工匠，諸司工、樂、雜戶等。〔註76〕官府根據戶籍資料，如家產與家中成丁數之多寡，發派任務給應服役的成丁。「丁夫」又可分為兩類，即丁為正役，夫為雜徭，兩者皆為勞役的一種。他們大多為良民戶籍，乃根據國家賦役制度，定期輪流服役，有的至官府機構服役，有的派遣至修築工程，他們以勞役的方式盡國家義務。

二、逃亡丁夫、雜匠與亡戶

　　唐代戶籍資料控制全國的統一與管理，更是國家財政收入的來源之一，面對逃亡的戶口或徭役，勢必會以嚴厲的法規嚴懲逃亡者。雖然逃亡戶口沒有其他犯罪行為，但是躲避徭役與脫漏戶口，即屬違法行為，須以法律的約束力懲戒逃亡者。關於逃亡的部分，主要可分為逃亡的丁夫、雜匠，以及逃漏戶。首先，若丁夫、雜匠應輪番卻逃亡，以及為了避役而逃亡的戶口，按照國家法律會處以相當的刑罰，唐律規定：

> 諸丁夫、雜匠在役及工、樂、雜戶亡者，一日笞三十，十日加一等，罪止徒三年。主司不覺亡者，一人笞二十，五人加一等，罪止杖一百；故縱者，各與同罪。即人有課役，全戶亡者，亦如之；若有軍名而亡者，加一等。其人無課役及非全戶亡者，減二等；即女戶亡者，又減三等。其里正及監臨主司故縱戶口亡者，各與同罪；不知情者，不坐。〔註77〕

按照此條律文規定，「逃亡」的定義為「在役而亡」，即丁夫、雜匠尚未服滿勞役或未服役，逃亡一日笞三十，十日加一等，最多為徒三年，對於逃亡的丁夫、雜匠，官方會處以刑罰規定此類違法行為，避免國家在徵調人手方面有所缺失。

〔註75〕黃玫茵，〈編戶管理的法制化〉，收錄高明士主編《唐律與國家社會研究》，頁288。

〔註76〕（唐）長孫無忌，《唐律疏議・擅興律》卷16，「丁夫差遣不平」（總245條），頁317。

〔註77〕（唐）長孫無忌，《唐律疏議・捕亡律》卷28，「丁夫雜匠亡」（總461條），頁534～535。

若是課役、納稅時全戶逃亡，則有避役等違法行為，故與丁夫、雜匠逃亡之罪刑相同。若並非避役而亡，減二等。若主管單位不知情，沒有盡到查核戶籍的任務，視為失職行為，逃亡人數一人則笞二十，五人就加一等。

　　至於人民課役的部分，與負責的地方官吏息息相關，他們掌握最清楚的戶籍資料，若是主司故縱則與逃亡者同罪。律文言：「里正及監臨主司故縱戶口亡者，各與同罪」，從這可看出唐代對於基層行政人員犯錯或失職的行為，皆以法律約束所有負責的主司或官吏，以避免國家體制運作上的缺失。此外，《唐律疏議・捕亡律》「容止他界逃亡浮浪」條，再次限定地方官吏不可隨意收留他地的流民：「諸部內容止他界逃亡浮浪者，一人里正笞四十，四人加一等；縣內，五人笞四十，十人加一等；州隨所管縣，通計為罪。各罪止徒二年。其官戶、部曲、奴婢，亦同。」〔註78〕只要被發現有收留或容隱他界逃亡者或是浮浪者，從基層的里正到州縣長官等，都會處以刑罰，並依照收容的人數為基準，收留越多人，其刑罰越重，可看出唐代對於官吏的行政責任相當重視，除了不能有失職的行為，更不能有私心、故縱之舉，更見唐代地方官吏的管理制度。唐律會根據不同的身分等級，予以不同的刑罰標準。如有軍名而亡，加一等；女戶亡，減三等。主要乃因軍兵具有保護國家安全的義務，逃亡軍兵對國家所造成影響較大。至於女戶，本身並非國家納稅、服役的對象，故逃亡女戶之刑罰較為輕。這種以課役與否為罪刑輕重之據的作法，和家長脫戶時減刑的層次相同，可知編戶管理首重課役之特性。〔註79〕

　　除上述丁夫、雜匠逃亡之外，另有逃亡戶口。戶口管理大多為地方官府負責調查、登錄，但仍有所謂「無故而亡的戶口」，唐律對此規定：

　　　　諸非亡而浮浪他所者，十日笞十，二十日加一等，罪止杖一百；即

　　　　有官事在他所，事了留住不還者，亦如之。若營求資財及學官者，

　　　　各勿論。闕賦役者，各依亡法。〔註80〕

律文所謂「非亡而浮浪他所者」，乃指並非避事而亡，如躲避徭役、納稅等；或是正當理由而離開原居地，如有官事、經商貿易、求學等，以上所述對象

〔註78〕（唐）長孫無忌，《唐律疏議・捕亡律》卷28，「容止他界逃亡浮浪」（總467條），頁539。

〔註79〕黃玫茵，〈編戶管理的法制化〉，收錄高明士主編《唐律與國家社會研究》，頁310。

〔註80〕（唐）長孫無忌，《唐律疏議・捕亡律》卷28，「浮浪他所」（總462條），頁536。

不屬於逃亡者。「浮浪他所者」通常因其他因素流至他地，但本身並無犯罪行爲，只因脫漏戶籍，至他地居住，造成戶籍資料與實際情況不同。若是缺賦役者則依亡法，也就是上述的「丁夫雜匠亡」條。對於浮浪他所的人民，國家也有其因應措施，主要還是以法律約束力爲主，逃亡十日笞十，二十日加一等。其罪刑較服役而亡的丁夫、雜匠輕多了，主要乃因無事、無罪在身，故處刑理當爲輕。對於「浮浪他所者」，同是籍在人不在，編戶體系無法掌控此人，故視爲被破壞體系者。其刑罰較逃亡爲輕，乃由於對課役暫無影響，等到浮浪時間長到影響賦役時，即依逃亡法處理。〔註81〕

關於唐代丁役的部分，首先會根據差科簿查核，並分派任務給丁夫或雜匠。唐代差科簿的記載，《吐魯番出土文書》收入〈唐西州高昌縣和義方等差科簿〉，〔註82〕差科簿記載了和義方內須服役的男丁，據唐代服役年齡與身分的限制，唐高祖時期規定二十一歲爲丁，六十歲爲老；唐玄宗又改爲二十二歲爲成丁，成丁表示達到法定年齡，開始爲國家服役。〔註83〕故差科簿內所載人員，大多爲五十九歲以下的良民，又稱爲「白丁」。官府會在每位丁夫名下，註明服役單位與職稱如有州府史、常平倉史、馬夫、父老等不同的差役，可看出唐代對於戶籍的掌握，有一定的組織與執行力。經過官府的分派後，丁夫、雜匠須在期限內向各負責單位報到，並開始值勤。若有丁夫、雜匠未於期限內報到，將會交由當地緝捕機構負責追捕逃亡者。《吐魯番出土文書》，〈武周牒爲請追上番不到人事〉：〔註84〕

1. 　　九　前撿案 □□□□□ 上
　　（日）

2. 　　件　番當貳　上，今隨牒送者。依
　　（人）　　　　（月）

3. 　　撿不到。其（月）肆日判：牒府追。

4. 鄭隆護

5. □□□□□ 撿案內去　拾（月）貳□

〔註81〕黃玫茵，〈編戶管理的法制化〉，收錄高明士主編《唐律與國家社會研究》，頁311～313。
〔註82〕《吐魯番出土文書》第九冊，〈唐西州高昌縣和義方等差科簿〉，頁190～191。
〔註83〕（後晉）劉昫，《舊唐書·食貨志》，卷48，〈兩稅〉，頁2089。
〔註84〕《吐魯番出土文書》第七冊，阿斯塔那380號墓，〈武周牒爲請追上番不到人事〉，頁44。

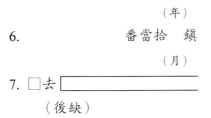

（年）

6.　　　　　番當拾　鎮

（月）

7. □去 ▢▢▢▢▢▢▢▢▢▢▢

（後缺）

《吐魯番出土文書》大多爲殘文，案件前面並無說明哪些人上番不到，但可推測此人已超過服役期限甚久，因爲文中提及「九日前撿案」，應當超過不少時日。案件人本應二月上番服役，卻遲遲未到，故判決結果爲「牒府追」，即追捕案件人歸案。因爲本案件甚多缺字，至於細節部分，在此難以解釋清楚，只能略知緝捕逃亡者的命令。

關於逃戶問題，此亦是唐代重要的社會議題。均田百姓的逃亡，早在初唐已有；武周時期，農民逃亡的情形，更加嚴重，正因爲邊境軍防活動頻繁，國庫開支大，人民生計受到極大影響，紛紛逃走各地。〔註85〕因此，武周長安年間對於逃亡戶口、丁役，加以檢驗、查核。長安年間的出土文書，可看到州、縣對村正、社官、農戶的嚴加管束，與檢括逃戶、招還逃人的工作同時並舉。對逃亡者，檢括附籍；對在籍者，嚴加控制，以確保國家財政的收入與體制的運作。〔註86〕唐中葉以後，人民因戰亂，多流離失所，雖然武周時期有進行括戶，但成效有限。

武周以後，唐睿宗就逃亡戶口的問題於〈誡勵風俗敕〉指出，〔註87〕唐代逃亡戶口數量的增加，皇帝要求當地的地方官重新查核戶籍，且保障逃亡戶口的家產，不得隨意販賣逃亡者的財產。雖然，此時政局不穩，亡戶甚多，但皇帝卻仍想保留原有的賦役制度，才會下令地方官嚴加管理，但畢竟賦役制度會隨當時的社會經濟狀況改變，要使逃亡的問題降低，就必須從財政制度著手改革，但中央並未如此，以致於逃亡問題依舊存在。因此，開元九年（721）唐玄宗亦行「括戶」，主要爲了解決逃亡戶口的賦役、土地等問題，據《唐會要》記載：「諸道括得客戶凡八十餘萬，田亦稱是，州縣希旨，務於多獲，皆虛張其數，亦有以實戶爲客者。歲終，得客戶錢百萬。」〔註88〕可看出此次括戶所帶來的收穫，不論是在戶口數或是財稅方面，都有

〔註85〕陳國燦，《唐代的經濟社會》（臺北：文津出版社，1999），頁50。
〔註86〕陳國燦，《唐代的經濟社會》，頁66。
〔註87〕（宋）宋敏求，《唐大詔令集》，卷110，〈睿宗·誡勵風俗敕四道〉，頁523。
〔註88〕（宋）王溥，《唐會要·逃戶》，卷85，頁1563。

所增長。另外，在行政事務的執行上，唐玄宗於開元九年（721）下詔曰：

> 雖戶口至多，而逃亡未息，良縣牧宰之任，訓道無方，不能綏撫，
> 令其浮惰。且寰宇一統，天下為家，去此就彼，孰非州縣，使其離
> 鄉者則亦無改，成其逋藪者何以居官。遂令邦賦不入，人偽斯甚，
> 政術不理，豈過於茲，宜令所司商量，作一招攜捉搦法奏聞。〔註89〕

唐玄宗在位時期，時逢政局穩定、國家經濟發達，戶口數漸增，但逃亡戶口
依舊存在，皇帝對於這樣的問題，首重於地方官的處理方式與成效，最後也
須由地方負責「宜令所司商量，作一招攜捉搦法奏聞。」在處理逃亡戶口時，
非單依據中央所頒布的法律規定，地方官司可與相關單位一同討論，找出適
合的方式解決捕捉逃亡的戶口。安史之亂發生後，逃亡戶口的現象有增無
減，唐肅宗乾元二年（759）即下詔：「宜令州縣長官審加勘責，且立簿書，
據見在戶徵課稅。其逃亡者，別立文案，設法招輯。終年類例，以為褒貶，
如勘責虛望，所縣官長並節級科貶，其所縣典、正等，先決六十，仍罰效力。」
〔註90〕所有的州縣長官等，對於戶口的掌控要相當完善，如有任何缺失，典、
正則處以杖六十，其他州縣長官節級科貶，並列入考績。乃因此時正逢戰亂
過後，國家財政吃緊，對於全國的治理出現嚴重的問題，若無法完全掌握局
勢，勢必造成中央的衰敗，故肅宗即位後，馬上要求處理戶籍資料，亦見當
時對於逃亡戶口的重視。唐代中葉以後的皇帝，也多次下詔赦免逃亡戶口，
要求州縣盡力完成清查戶口一事，以保障國家體制的順利運作。

　　不論是逃亡的丁夫、雜匠，或是流離失所的戶口等，皆列屬於逃亡戶口
內。國家有權要求地方官處理，大多由皇帝下令撤查逃亡的戶口，再交由地
方官一一審查、核對，對於逃亡的百姓或差役，由緝捕機構根據「牒」或「符」
之命令，前往追捕。如有追捕不到者，再交由其他機構負責追捕歸案。從唐
代的捕亡制度中，可知國家權力運作的核心與社會秩序的維持密切相關，因
為具有良好的緝捕制度，才能將所有不法者緝捕歸案，而這樣的執行力有賴
於地方官衙與中央的配合，以建構出完善的捕亡制度。

〔註89〕　（宋）王欽若等撰，《冊府元龜・帝王部》，卷63，〈發號令二・玄宗・禁逃亡
　　　　　詔〉，頁708-2。

〔註90〕　（宋）王欽若等撰，《冊府元龜・帝王部》，卷87，〈赦宥六・肅宗・推恩祈澤
　　　　　詔〉，頁1039-2。

第五節　賤民逃亡

　　本節所討論之內容為「賤民逃亡」，賤民階級又可分為以下兩類：一為地位稍高隸屬於官府的官戶、雜戶等，二為隸屬於私人的陰附、部曲、客女、奴婢、雇工人等，他們沒有獨立的戶籍，依附於官府機構或私人戶籍內。若為官司奴婢，地位最低，沒有人身自由，在法律上皆視同財產。〔註91〕面對逃亡的賤民階級，猶如主人喪失財產一樣，有必要將財物追回，故緝捕者亦須緝捕逃亡的奴婢，以維護唐代嚴謹的身分階級制度。

一、唐代的賤民階級

　　唐代強調良賤之分，這樣的立法背景乃因漢末以來的貴賤之分，造成世家大族興起，而有些平民卻淪為賤民，社會階級差距越來越大。即使在多元化、包容性極佳的大唐帝國，也存在這樣的觀念。隨著時間的改變，統治者也會為其政權之鞏固，而訂立許多利於己的法律。如武則天也曾修法，加強對於部曲和奴婢之間的界線，武則天欲解放私賤民，使賤民階級脫離非法主人的控制，將他們編列於國家體制之內，可增加財政收入，亦利於自己的政治立場，〔註92〕可見賤民階級也會受到當時政策的影響。

　　唐代社會階級劃分森嚴，尤其是良賤之間的法律關係。良人為一般百姓，而賤民又可分為官賤民與私賤民，大致分為三個等級：一為官私奴婢；二為官戶、工樂戶、部曲、客女；三為雜戶、太常音聲人，期限一滿即可放還良人身分。唐代奴婢是賤民中最低的，男稱奴，女稱婢，他們沒有法律地位與權利，更不能與一般人通婚，〔註93〕他們等同於物品、牲畜，可以自由買賣。關於買賣奴婢，唐代律法也有規定：

> 凡賣買奴婢、牛馬，用本司、本部公驗以立券。凡賣買不和而較固，
>
> 　及更出開閉共限一價，若參市而規自入者，並禁之。〔註94〕

奴婢價值等同於牛馬，買賣奴婢、牛馬須立「券」，且由相關機構所開立。至於其格式的規定如下：

〔註91〕 郭建、姚榮濤、王志強等著，《中國法制史》，頁134。

〔註92〕 （日）岡野誠，〈論敦煌本唐戶婚律放部曲為良條—P.3608和P.3252再探〉，收錄楊一凡、寺田浩明等著，《中國法制史考証》（北京：中國社會科學出版社，2003），丙編第二卷，頁390～431。

〔註93〕 張晉藩，《中國法制史》，頁265。

〔註94〕 （唐）李林甫，《唐六典》，卷20，〈太府寺卷〉，頁541。

> 舊格買賣奴婢,皆須兩市署出公券。仍經本縣長吏引檢正身,謂之
> 過賤。及問父母見在處,分明立文券,並關牒太府寺。〔註95〕

「公券」如同身分證,經由相關人員查驗之後,確定為賤民才能開出「公券」,再將名單送往太府寺登錄。唐代社會良賤之間的區別,透過中央制定的律法來約束全國人民,不同的身分等級具有不同的法律權利。

唐代的賤民如同物品,可在市場交易買賣,沒有人身自主權。交易成功後,訂下契約,送入中央登錄,就須為主人賣命。賤民階級如果要解放為良民,必須具有主人的家長所發予的「手書」,且主人的長子以下諸人都須在手書上連署,再依照主人戶籍所在的相關機構申牒呈報,然後送到中央將原本戶籍除戶,登錄新的戶籍,這樣才算完成。其他的賤民階級,如部曲、客女、官戶、雜戶、番戶、工戶、樂戶等,屬於半自由身分的賤民,有的屬私家所有,其他可能為重罪罪犯的子孫。〔註96〕唐律根據身分對象的不同,會處以不同的罪刑,若為奴婢犯罪,其刑罰最重,因為社會階級地位最低,不能受到法律的保障。關於賤民的社會地位,《唐律疏議‧戶婚律》規定:

> 諸雜戶不得與良人為婚,違者,杖一百。官戶娶良人女者,亦如之。
> 良人娶官戶女者,加二等。即奴婢私嫁女與良人為妻妾者,準盜論;
> 知情娶者,與同罪。各還正之。〔註97〕

律文提到賤民與良民彼此不能通婚,若已通婚者會受到法律的處罰,且婚姻無效,放還本籍。可見唐代在良賤身分上的區別相當嚴謹,彼此間不能有所交集,否則將受到嚴屬的刑罰之罪。兩者的戶籍也大不相同,良賤分別差距甚遠,故《唐律疏議‧戶婚律》載有「放部曲奴婢還壓」條,〔註98〕此條文即說明良賤之間的區別,根據其身分及違法行為,在法律中有不同的刑罰標準,因此對於主人壓良為賤的情形,固然處以刑罰。雖然本為部曲的身分,既然已放為良,就須用良民身分的標準來看待。

唐代中後期,國家政局不穩,加上藩鎮問題,各地人民生活困苦,或被掠奪為賤民,造成良民變成賤民的悲慘實例,皇帝也多次下詔還回他們原本

〔註95〕 (宋) 宋敏求,《唐大詔令集》,卷5,〈昭宗‧改元天復敕〉,頁29。
〔註96〕 郭建、姚榮濤、王志強等著,《中國法制史》,頁138~140。
〔註97〕 (唐) 長孫無忌,《唐律疏議‧戶婚律》卷14,「雜戶官戶與良人為婚」(總192條),頁270。
〔註98〕 (唐) 長孫無忌,《唐律疏議‧戶婚律》卷12,「放部曲奴婢還壓」(總160條),頁239。

良民的身分。但此時國家權力已大不如前，對於這類的規定，效果似乎不佳，也可看出此時期的社會動盪不安，造成社會階級上的混亂。到宋代以後，對於良賤觀念也漸漸改變。法律維繫著官方單位和人民之間的關係，彼此間互相牽動。而每一條法令的制定，其背後的歷史意義非常重要，因爲它直接顯現出社會的樣貌，也綜觀整個唐代的政治與社會。

二、賤民逃亡的法律問題

賤民逃亡問題在過去的中國歷史上相當常見，通常賤民的身分地位與法律權利較低，生活不易，很難有屬於自己的家產或人身自由權。若牽涉到法律訴訟案件，往往處於劣勢地位，要翻身的機會相當困難，在種種複雜的因素之下，造成賤民的逃亡，實屬常見。但是官私賤民，大多屬於官方或是私人的財產，若發生賤民逃亡，如同財產失蹤，在財產所有權上有很大的威脅。北朝時期高昌國君主麴堅年間的出土文獻，就有相關史料記載失奴事件，要求官司追回失奴，〈高昌章和十一年（541）都官下交河郡司馬主者符爲檢校失奴事〉：〔註99〕

1. 交河郡□（司）馬者：中郎崇信傳　令，刺彼郡，
2. 翟忠義失□（奴）一人，若檢校知處，與手力牽取。
3. 符到如令，不得遺失。承旨奉行。
4. 　　章和十一年三月三十日都官　起
5. 都官長史麴　順

根據本案件所述，翟忠義遺失奴隸一人，他向官司申請追捕一事，並由都官交由交河郡司馬中郎崇信負責，此道緝捕令雖只是追捕一名奴隸，但卻動用到許多人力，上至都官，下至地方手力等，都須負責檢校、追回，可見遺失奴隸在當時非常重要，而此項制度也繼續沿襲至唐代。在唐代，關於追回奴婢逃亡的行政規定有以下幾條，《天聖・捕亡令》之復原唐令5記載：

> 諸亡失部曲、奴婢、雜畜、貨物等，接於隨近官司申牒案記。若已入蕃境，還賣入國，券證分明，皆還本主，本主酬直。奴婢自還者，歸主。〔註100〕

〔註99〕《中國珍稀法律典籍集成》甲編第四冊，哈拉和卓 89 號墓，〈高昌章和十一年（541）都官下交河郡司馬主者符爲檢校失奴事〉，頁 277。

〔註100〕天一閣博物館・中國社會科學院歷史研究所天聖令整理課題組，《天一閣藏明鈔本天聖令校證・唐令復原研究》之復原唐捕亡令 5，頁 547。

賤民之主多會至鄰近官衙申報，再交由緝捕者負責，根據「券證」之相關內容，追捕逃亡的賤民，猶如追回主人的財物一樣。經由相關人員查驗之後，確定爲賤民才能開出「券」，查驗後再將名單送往相關單位登錄。「證」爲能證明此奴婢原來確係某人之財產。故本主有權索回奴婢，但應付給購買者所購之費，此爲「本主酬直」。〔註101〕

　　首先，討論奴婢亡失的可能狀況，如被他人略賣、強奪、走失等，《唐律疏議‧賊盜律》「略和誘奴婢」條規定：

　　　　諸略奴婢者，以強盜論；和誘者，以竊盜論。各罪止流三千里。即
　　　　奴婢別齎財物者，自從強、竊法，不得累而科之。若得逃亡奴婢，
　　　　不送官而賣者，以和誘論；藏隱者，減一等坐之。即私從奴婢買子
　　　　孫及乞取者，準盜論；乞賣者，與同罪。〔註102〕

關於上述律文可分爲兩種情況，一爲行爲人有意取得奴婢，使用強奪、拐騙的方式。奴婢既屬個人或官府私有財產，若有人強掠奴婢，如同財物被強奪，視爲「強盜」罪；和誘奴婢上鉤，雖非強奪，但有行詐騙之舉，或兩者間有意合作逃亡，故屬「竊盜」罪，但強盜罪與竊盜罪最高處以流三千里，並非死刑論處，乃因賤民與良民之間甚有區別，奴婢價值等同於財產，不須按照良民身分處決。二爲行爲人無意騙取、強奪奴婢，而是無意間取得，按照法律規定，取得奴婢須在五日內送交官衙，再由主人認領回去。但行爲人並無送交官衙，自行收藏或賣出，猶如強佔他人財物，以盜罪論處。另外，奴婢亦不能隨意販賣自己的子孫，因爲奴婢身分爲世襲，其子應當屬於原主人的奴婢，不可輕易賣給他人，否則將以盜罪論處，可看出唐代社會良賤身分之分明。

　　上述爲奴婢亡失的狀況，即可能被強奪、走失、故意逃走、被略賣等，皆屬於違法的行爲，中央爲了有效控制賤民階級的逃亡，制定相關的法律規範，《唐律疏議‧捕亡律》「官戶奴婢亡」條：

　　　　諸官戶、官奴婢亡者，一日杖六十，三日加一等。部曲、私奴婢亦
　　　　同。主司不覺亡者，一口笞三十，五口加一等，罪止杖一百。故縱
　　　　官戶亡者，與同罪；奴婢，準盜論。即誘導官私奴婢亡者，準盜論，

〔註101〕天一閣博物館‧中國社會科學院歷史研究所天聖令整理課題組，《天一閣藏明
　　　　鈔本天聖令校證‧唐令復原研究》之復原唐捕亡令3，頁546～547。
〔註102〕（唐）長孫無忌，《唐律疏議‧賊盜律》卷20，「略和誘奴婢」（總293條），
　　　　頁371～372。

　　仍令備償。〔註103〕

若爲賤民逃亡，如官私奴婢、其他雜戶或部曲等，不論隸屬於官方或私人，皆處相同的罪刑，逃亡一日杖六十，三日加一等。本條律文另有一特點，即官府賤民的管理問題，其中主司可分爲不知賤民亡失的失職行爲，以及故縱逃亡者的故意行爲。失職的罪刑較「故縱」爲輕，但其刑罰會根據逃亡人數來計算，以懲戒官吏的行政錯誤。若有引誘官司奴婢逃亡者，則以盜罪論處，根據《唐律疏議・賊盜律》「略和誘奴婢」條論處。不論官、私奴婢，本來就有經過官方的登記，或是私下所訂之契約關係，若逃亡至他處，則可由緝捕者負責追捕，並歸本主。此外，律文另有規定：「誘導官私奴婢亡者，準盜論」。關於引誘奴婢逃亡之事，此與誘拐良民一樣，都會觸犯刑法，對於這類的人口流動、販賣，官府皆嚴加控管，以穩定社會秩序。

　　此外，《唐律疏議・捕亡律》「容止他界逃亡浮浪」條，〔註104〕也包含容止賤民階級逃亡的狀況，地方官吏應當以國家體制運作爲主，如有任何破壞體制或違法的行爲，如收留流民或逃亡奴婢等，此皆屬於違法之舉，執法者知法犯法，理當加罪處刑。中央制定此條，主要也是規範地方官吏在戶籍制度與賦役制度下，不能有任何不法行爲，藉由法律的約束力控制地方的治理。另於《天聖・捕亡令》之復原唐令15，亦提到兩家奴婢俱逃亡，若生下子女，則歸於母親。〔註105〕不論是否爲亡失的奴婢，都須歸還本主。因爲奴婢的身分是經過正式登記，具有行政效力。若有奴婢亡失之情況，則由緝捕者負責。

　　再者，關於緝捕者追捕賤民一事，有捕捉時間的限制，《天聖・捕亡令》記載：「諸捉獲逃亡奴婢，限五日內送隨近官司，案檢知實，評價，依令徵賞。其捉人欲逕送本主者，任之。若送官司，見無本主，其合賞者者十日內且令捉人送食。若捉人不合酬賞及十日外承主不至，並官給衣糧，隨能錮役。」〔註106〕緝捕者須在五日內，將逃亡奴婢追回，並送交官司。可依其追捕的

〔註103〕（唐）長孫無忌，《唐律疏議・捕亡律》卷28，「官戶奴婢亡」（總463條），頁536～537。

〔註104〕（唐）長孫無忌，《唐律疏議・捕亡律》卷28，「容止他界逃亡浮浪」（總467條），頁539。

〔註105〕諸兩家奴婢俱逃亡，合生男女，及畧盜奴婢，知而故買配奴婢者，所生男女從母。據天一閣博物館・中國社會科學院歷史研究所天聖令整理課題組，《天一閣藏明鈔本天聖令校證・唐令復原研究》之復原唐捕亡令15，頁551。

〔註106〕天一閣博物館・中國社會科學院歷史研究所天聖令整理課題組，《天一閣藏明鈔本天聖令校證・唐令復原研究》之復原唐捕亡令9，頁550。

奴婢價值，得到相當的酬賞，因為逃亡的奴婢大多為主人財產之一，緝捕者追回奴婢，等同於幫忙找回財物一樣，理當會有酬賞。如《天聖令》之復原唐令對於捉獲逃亡奴婢的賞金有相關規定，此處「奴婢」乃指官、私奴婢，依其逃亡的天數、距離，予以緝捕者不同的酬賞。另外，若捉獲逃亡奴婢身犯死罪，又剛好會恩免死，則可送還官府或主人，並依式徵賞。若遂從戮及得免賤從良，不徵賞物。〔註107〕可見緝捕者必須對於所捉獲的奴婢，評估其價值性，再予以捕捉，才能獲得最大利益。若為官府的緝捕人員，必須在五日內追回逃亡奴婢，如有失職行為，勢必會受到一定的懲罰，此亦是身為基層執法者應盡的責任。

小　結

　　從本章討論可知，不論為哪類的人民逃亡，如良民、賤民、軍兵、官員等，在役而亡，或無故而亡，皆須處以刑罰。唐律根據罪犯身分及其對國家體制的影響力，制定不同的刑罰標準，透過緝捕者的執行力與法律效力，以達到社會秩序之維護。此外，負責的官司也必須重視緝捕工作，如主司不覺有逃亡者，或是緝捕者追捕不力，都會受到法律的懲處。更可能有官吏故縱的行為，面對這樣知法犯法的執法者，唐代不給予任何寬厚的待遇，反倒更加嚴厲處置，其刑罰與逃亡者同罪，明知故犯是唐代法律嚴懲的對象，因此嚴加控管官司的執法行為與人員，以維護社會秩序的運作。畢竟，逃亡者本身的逃亡行為已經觸法，又可能逃至他地，成為當地的惡霸或治安死角。浮浪他所，則會造成官府無法掌控全國戶籍，如有犯罪行為發生時，緝捕者無法按照戶籍訪捉犯罪者，勢必造成國家治安嚴重的影響，故戶籍資料的掌控與逃亡者的緝捕密切相關，更是唐代捕亡制度所重視的一環。

〔註107〕天一閣博物館‧中國社會科學院歷史研究所天聖令整理課題組，《天一閣藏明鈔本天聖令校證‧唐令復原研究》之復原唐捕亡令11，頁551。

第三章　緝捕程序與法律規定

　　唐代捕亡制度結合地方基層的社會秩序管理，以維持國家體制運作的完善。為了建立良好的制度與成效，地方基層官員主有重要之職，並且與中央相互配合，以達到治理全國的目的。在逮捕的過程中，緝捕者可能會面臨罪犯與逃亡者反抗之情形，此時亦可能會威脅到緝捕者的生命安全。然而，緝捕者與罪犯之間究竟有何法律問題與責任？關於這類的情形，唐代律令亦將此列入參考，並從中分析雙方之間的武力、敵對情形，以及可能面臨的刑罰問題。對於將吏追捕罪人時，亦有其相關的法規，並依其事發之情節，處以不同的刑罰。其中有約束緝捕者，避免其與罪人有所勾當或不法之事，實屬依法行事，不可有所輕慢。本章將從律令規定與法律個案，討論緝捕者在追捕過程中可能面臨的問題，以及身為基層執法人員的法律責任。如對於未捕捉到的罪犯或逃亡者，緝捕者所應負擔的職責，以及拷問罪犯過失致死時的法律責任等，這都是相當有趣的課題，並可配合唐代的律令與皇帝的詔令，從中探討國家安全與地方秩序的維持，實屬重要的歷史意義。

　　從逃亡者與犯罪者的探討，可知唐代對於犯罪的相關規定，如有違法者，官府即發布緝捕令，執行完整緝捕的行政程序，並將罪犯緝捕歸案。在緝捕過程中，緝捕者與罪人之間的法律問題，以及可能發生的危險性，皆為本章所要探討的問題。本章可分為三個部分，第一部分為緝捕的行政程序，探討唐代緝捕者對於逃亡者和犯罪者的拘捕與管理。第二部分為緝捕過程的法律問題，如緝捕者違法行事，未捕捉罪人，或在緝捕過程中發生的爭鬥與衝突，以上皆為緝捕者與罪人彼此關係的探討，並涉及到緝捕者違法與本身安全性的問題。第三部分為實務面的個案探討，即在逮捕過程中，緝捕者與罪犯之

間的法律問題與責任，以及分析地方官處理緝捕者與罪犯之間的法律課題，並可看出地方司法的行政效力。本文主要藉由《兩唐書》、《折獄龜鑑》、《吐魯番出土文書》、《歷代判例判牘》等法律資料，作更深入之探討與分析，如所涉及的逃死名籍、捕亡文書、檢校失奴事、違番不到驛丁事、催徵捕懸事等，透過不同之法律個案研究，以了解唐代司法執行的程度與成效。

第一節　緝捕的行政程序

　　本節主要探討緝捕的相關程序，當有罪犯或逃亡者出現時，地方州縣衙須立即派吏人追捕。然而，追捕的過程為何？如何發布緝捕令？緝捕者又該如何尋找所要追捕的對象？捉獲後，又該如何處理？以上為本節所關注之處，除了有完整的緝捕機構與人員之外，在唐代的捕亡制度中，緝捕的行政程序也相當完備，有助於中央對於當地社會秩序的管理效率。

一、發布緝捕令

　　在唐代，緝捕犯罪者與逃亡者時，都必須有官方的認可，也就是發布所謂的「緝捕令」，即追捕罪犯之公文書。然而，緝捕令如何形成與發布？首先，必須有犯罪的行為與相關嫌疑人，《天聖令》之復原唐令 2 規定：「諸有賊盜及被傷殺者，即告隨近官司、村坊、屯驛。」〔註1〕另外，若為逃亡者或寇賊，「諸囚及征防、流移人逃亡及欲入寇賊者，經隨近官司申牒。」〔註2〕即當地有發生任何賊盜出沒，或一般犯罪案件等，須馬上通知附近官衙或里、村、坊，再由官衙審核後，發布緝捕令。其中捕亡令所述之「申牒」乃指由下往上發布行政公文書，即可能由地方基層之鄉里向縣衙發布公文，或是縣衙向州府發布。如要緝捕罪犯或逃亡者，地方官府須先向上級官司請示，經由上級審核通過之後，再由基層人員負責追捕罪人，此亦是唐代地方官府管理之重要一環。關於緝捕令之格式，可參看唐代官文書類型，《唐六典・尚書都省》記載：

　　　　凡都省掌舉諸司之綱紀與其百僚之程式，以正邦理，以宣邦教。凡

〔註1〕　天一閣博物館・中國社會科學院歷史研究所天聖令整理課題組，《天一閣藏明鈔本天聖令校證・唐令復原研究》之復原唐捕亡令2，頁550。
〔註2〕　天一閣博物館・中國社會科學院歷史研究所天聖令整理課題組，《天一閣藏明鈔本天聖令校證・唐令復原研究》之復原唐捕亡令1，頁549。

上之所以逮下，其制有六，曰：制、敕、冊、令、教、符。凡下之
所以達上，其制亦有六，曰：表、狀、牋、啓、牒、辭。諸司自相
質問，其義有三，曰、關、刺、移。〔註3〕

唐代官文書可分爲「由下而上」與「由上而下」兩種傳遞形式，關於緝捕令
之內容，也可能分爲這兩種形式。據《吐魯番出土文書》所載之史料，關於
逃亡者與犯罪者之緝捕公文書，最常出現爲「符」和「牒」，〔註4〕可推測緝
捕工作大多交由地方官府負責，尤其是州、府、縣等機構掌理。

　　據《唐六典》所述之內容，「符」爲由上級發布之命令，大多出現於州下
達令於縣。〔註5〕至於「牒」爲下級官司傳達於上級的公文書，九品以上公文
皆爲「牒」，若是庶人所言之內容稱爲「辭」。〔註6〕關於唐代緝捕公文書，《吐
魯番出土文書》之〈武周牒爲請追上番不到人事〉：〔註7〕

1.　　　九　前撿案 □□□□□ ［上］
　　　（日）

2.　　　件　番當貳　上，今隨牒送者。依
　　　（人）　　　（月）

3.　　　撿不到。其（月）肆日判：牒府追。

〔註3〕（唐）李林甫，《唐六典》，卷1，〈尚書都省〉，頁10～11。
〔註4〕筆者據《吐魯番出土文書》所載之法律文獻，與追捕逃亡者和犯罪者有關之
　　　公文，大多爲「符」和「牒」，以下幾則爲筆者所蒐集之緝捕公文書：〈武周
　　　天授二年（690）知水人康進感等牒尾及西州倉曹下天山線追送唐建進妻兒鄰
　　　保牒〉、〈西州高昌縣寧戎驛長康才藝牒爲請追勘違番不到驛丁事〉、〈西州都
　　　督府法曹下高昌縣符爲掩劫賊張爽等事〉、〈武周證聖元年（695）前官陰倉子
　　　牒爲官蔔內役作夫頻追不到事〉、〈敦煌縣牒上括逃御史並牒良甘肅瓜等州爲
　　　所居停沙州逃户事〉、〈西州都督府兵曹牒爲寇賊在近、請各檢防務事〉、〈蒲
　　　昌府范阿祚牒爲州兵曹司差令李思綰入探賊訖事〉、〈武周牒爲請追上番不到
　　　人事〉、〈武周兵曹牒爲申報前庭等府逃兵名事〉、〈唐永淳元年（682）坊正趙
　　　思藝牒爲勘當失盜事〉、〈唐調露元年（679）西州高昌縣下太平鄉符爲檢兵孫
　　　海藏患狀事〉、〈唐開元二十八年（740）土右營下建忠趙伍那牒爲訪捉配交河
　　　兵張式玄事〉等，以上爲列舉篇目，其中「牒」的數目較「符」爲多，即往
　　　上級官司呈報之公文書較多，推測大多由下級單位往上呈報後，再執行緝捕
　　　的工作。
〔註5〕蓋有官府印信的下行公文的一種。《新唐書·百官志一》：「凡上之逮下，其制
　　　有六：一曰制……六曰符，省下於州，州下於縣，縣下於鄉」。
〔註6〕（唐）李林甫，《唐六典》，卷1，〈尚書都省〉，頁10～11。
〔註7〕《吐魯番出土文書》第七冊，阿斯塔那209號墓，〈武周牒爲請追上番不到人
　　　事〉，頁44。

4. 鄭隆護

5. ▭▭▭▭ 撿案內去　拾（月）貳 ▭▭▭▭
　　　　　　　　（年）

6. ▭▭▭▭ 番當拾　鎮
　　　　　　　　（月）

7. □去 ▭▭▭▭

　　（後缺）

此牒文爲唐代武周時期的文獻，主要內容討論到應當輪番的人員，沒有在期限內向有關單位報到，因此下達命令：「其（月）肆日判：牒府追。」由下級單位向上級單位請求協助緝捕，並交由府追捕逃避縣役者。就此牒之標題，可知唐代用「追」字當作「緝捕」、「捕捉」的意思，當官府發出緝捕令之後，則交由地方的緝捕者執行，如進行拘捕、傳喚、追訊等，唐代官司傳訊案內人，先由官司下帖子，所在坊正或里正奉帖追送其人到案，並申牒爲記。〔註8〕此外，唐代文獻中亦會用「追身」二字呈現，乃指追身到案之制，受訴官司下達拘捕帖給受傳喚人所在鄉里或坊，由里正或坊正負責傳喚，並押解受傳喚人至相關官司，陳牒交人，里、坊作爲社會基層組織，也具有一定的司法職責。〔註9〕

　　另有一則記載官府傳喚證人或當事人審案的紀錄，《吐魯番出土文書》之〈唐西州高昌縣追人勘問帖〉：〔註10〕

1. 高昌縣　　帖

2. 　大女阿鞏奴磨旺　令狐醜仁 ▭▭▭▭
　　　　　　　　　　　□人

3. 　匡海洛奴守仁　奴巷巷　□上　明 ▭▭▭▭
　　　　　　三人挫皮

4. 　　　右今須上件人勘問。帖 ▭▭▭▭

〔註8〕陳登武，《從人間世到幽冥界——唐代的法制、社會與國家》，頁63。

〔註9〕劉俊文，《唐代法制研究》，頁174～176。劉俊文提出兩件唐代西州高昌縣案卷作探討與分析，分別爲「唐西州高昌縣武城鄉範慈□辭爲訴君子奪地營種事」（出自《吐魯番出土文書》第六冊）及「唐麟德二年坊正付某牒爲追送哇海員身到事」（出自《吐魯番出土文書》第六冊）。

〔註10〕《吐魯番出土文書》第七冊，阿斯塔那35號墓，〈唐西州高昌縣追人勘問帖〉，頁486。

5.　　　　　　五月廿七日佐張文歡帖

6.　　　　　　　即追過

7.　高昌縣　　　　　帖　　　　廿

8.　　康海進　　　　李才達

　　　　禮

9.　　　　　右今須上件人勘問。帖

10.　　　　　仍限今日平旦將過，明 知

11.　　　　　日佐張文歡帖

12.　　　　　並付玄政即

13.　　　　　白

以上所述之「勘問帖」，即官府傳喚司法案件之相關人等，就其內容而言，所涉及之對象爲高昌縣人民，文獻有載「今須上件人勘問」，因此高昌縣府之緝捕者須到相關地點，傳喚「勘問帖」所載之人名到官府，以便官府審理案件時，能獲取相關資訊與證據。此「勘問帖」可分爲兩部分，一爲高昌縣「大女阿辇奴磨旺、令狐醜仁（缺文）、匡海洛奴守仁、奴巷巷（缺文）」等人，因有缺漏文字，不能判定共有幾人，但可知這些人等於五月二十七日已傳喚過，並「佐張文歡帖」。另一部分爲高昌縣「康海進、李才達」兩人，並限定於今日須立即傳喚，送至相關官司單位。文獻最後提到「白」，「白」有書奏之意，〔註 11〕可推測應爲發布之公文書最後提字，有「奏」之意，乃指以上所述之公文內容，在此奏請執行的含意。由此可知，唐代傳喚相關人等之法律文獻與行政程序。官府可依其審理案件之重要性與時限，要求緝捕者在限期內傳喚或拘捕當事人到案。當官司收到公文書時，除了執行公文書所下達命令外，也有保存和記錄的行政程序，根據《唐六典》規定：「文案既成，勾司行朱訖，皆書其上端，記年、月、日，納諸庫。凡施行公文應印者，監印之官考其事目，無或差繆，然後印之；必書於曆，每月終納諸庫。」〔註 12〕就以上所述之行政法規而言，可知捕亡制度與行政公文之間的密切關係，不論是由上往下，還是由下往上，都有一套管理方式與組織，各個官方單位彼此相互聯繫與合作，此有助於地方與中央之間的管理，建立了完善的緝捕制度，也可查驗地方基層官吏的行政效率與執行程度。

〔註11〕　曾良，《敦煌文獻字意通釋》（廈門：廈門大學出版社，2002 年第二版），頁 4
　　　　　～5。
〔註12〕　（唐）李林甫，《唐六典》，卷 1，〈尚書都省〉，頁 11。

　　除了緝捕工作之外，最重要的是將緝捕令公諸於大眾。對於公布通緝要犯，官府會發布通緝榜文，又稱爲「出牓」，並通告州縣、市衢、坊曲和關津道路，四處張貼搜刮，懸重賞以捕要犯。〔註13〕唐肅宗至德三年（758）詔書內容提到牓文的運用，甚至擴張到安定百姓的作用：

> 京城之人，久陷凶醜。……府庫之資，散在閭閻，紊於綱紀。主守者缺以供事，竊取者冒其常刑，所以遣其檢括，必使詳實。如聞小臣失所，遂使流言，寇攘資財，驚擾士庶。官吏不修其法，豪強橫有縱暴，或得一官物，則破人家產；或捕一奸吏，則傍累親鄰，仍有不逞之徒，因此恐嚇，大爲侵暴，百姓冤苦，永言哀念，良深歎息。委京兆尹兼御史大夫李峴勾當，諸使檢括，一切並停，妄有欺奪，宜即推捕奏聞，仍牓坊市，務令安輯，副朕意焉。〔註14〕

唐肅宗爲了安定百姓生活，嚴懲貪官汙吏，對於不法的官吏，甚至下令「妄有欺奪，宜即推捕奏聞，仍牓坊市，務令安輯。」此外，唐宣宗大中三年（849）對於懸榜緝捕亦有相關記載：

> 兩軍及諸軍巡捉得劫賊，京兆府先牓懸賞。近日捉獲得賊，都不給付，既違公勸，何以勵人。宜令京兆府，所有軍巡捉獲劫賊，便須支給賞錢。〔註15〕

由上述史料可知，如有緝捕的犯罪者、逃亡者或盜賊，官府會先出牓懸賞，以增加緝捕的執行效率。因爲緝捕過程中，難免有所艱難之處，加上賊寇人數過多時，光是地方基層的緝捕者，根本難以追捕歸案，勢必懸牓緝捕，由軍兵人員或民眾一同進行緝捕工作，捉獲者可以得到獎賞，而此即所謂「出牓」。

　　至於牓文的設置，唐懿宗咸通八年（867）之詔書有相關記載，牓文由所在州縣寫錄並公布，牓於州縣門，以及坊市、村閭等重要道路之上。〔註16〕但有時官府雜務甚多，且所用之紙數頗多，鄉村百姓可能無法得知所發布之訊息，因此要求地方官府於要路製作「小牓」，讓所有的百姓皆

〔註13〕陳登武，《從人間世到幽冥界——唐代的法制、社會與國家》，頁 64～65。

〔註14〕（宋）王欽若等撰，《冊府元龜・帝王部》，卷 64，〈發號令三・肅宗・安輯京城百姓詔〉，頁 714-2。

〔註15〕（宋）王欽若等撰，《冊府元龜・帝王部》，卷 65，〈發號令四・宣宗・獲賊支給賞錢敕〉，頁 726-2。

〔註16〕（宋）宋敏求，《唐大詔令集》，卷 10，〈懿宗・咸通八年（867）痊復救恤百姓僧尼勑〉，頁 59。

能知悉。〔註17〕而出牓的功用也繼續延伸至宋代，南宋高宗時期發生火災事件，官府即放牓揭示，以緝捕放火之人。〔註18〕此外，當地方官致力於「受詞追證」的同時，一方面利用如諭俗、勸農、詞訴約束等諸項牓文等各種方式，教導民眾了解身為南宋人若要到衙門告官時，必須遵循地方衙門若干規定，譬如找書鋪及保識人、準備投狀費等等，在書鋪、代筆狀人的協助下，才能寫出符合形式要件的訴狀而立案，〔註19〕可見牓文在唐宋時期的傳播作用與地方管理的重要性。當中央或皇帝有事下達命令時，都可藉由牓文的公布，讓百姓得知中央所發布的消息，而這樣的傳遞功能正是捕亡制度中重要的一環，尤其是中央與地方，以及地方官府之間溝通與合作的橋梁。

官府所發布之緝捕令即一套完整的行政程序，在追捕罪人或逃亡者之前，必須先經過官府認可之過程，待公文書發布之後，才能進行追捕工作，不能隨意捕捉他人。《唐律疏議・捕亡律》「被毆擊姦盜捕法」條：「諸被人毆擊折傷以上，若盜及強姦，雖傍人皆得捕繫，以送官司。」〔註20〕若為當下發生毆殺傷、強姦、賊盜等事，當場人贓俱獲，身旁的相關人員皆可馬上緝捕罪人歸案，立刻移送官司審理。「若餘犯，不言請而輒捕繫者，笞三十。殺傷人者，以故殺傷論，本犯應死而殺者加役流。」〔註21〕若並非主謀者，如其他犯罪人，緝捕者或旁人不可當場拘捕，所謂「言請」即向官司呈報，面對餘犯必須先向官府申請緝捕令後，才可以進行緝捕的工作，否則違法者至少處以笞三十的刑罰。若造成他人死亡或受傷，以故殺傷罪論處，可見緝捕工作的界定與執行，有其一套行政程序，不可有違法行為的出現。而這條律文的制定，主要為規範緝捕者的法律責任，若沒有約束緝捕者，則可能濫用職權，沒有任何證據就可隨意捕捉他人，若缺乏正義與公平的法律精神，又

〔註17〕 （宋）宋敏求，《唐大詔令集》，卷 86，〈懿宗・咸通七年（866）大赦〉，頁 445。

〔註18〕 其失火正犯人，如焚燒官私屋宇數多，並取旨，亦依軍法斷遣。令臨安府出牓曉示，仍多差使臣緝捕放火之人。其被火人戶，令戶部日下支米五百碩，付梁汝嘉差官分頭給散。所有官私白地房錢，不以貫百，並放半月。出自《宋會要輯稿・瑞異二》，〈火災・高宗・紹興三年〉，頁瑞異二之三五到三六。

〔註19〕 劉馨珺，《明鏡高懸──南宋縣衙的獄訟》，臺北：五南圖書出版社，2005。

〔註20〕 （唐）長孫無忌，《唐律疏議・捕亡律》卷 28，「被毆擊姦盜捕法」（總 453 條），頁 528。

〔註21〕 （唐）長孫無忌，《唐律疏議・捕亡律》卷 28，「被毆擊姦盜捕法」（總 453 條），頁 529。

該如何治理國家？因此，國家制定此條律文，藉此懲戒基層執法人員的違法行為，也可限制濫捕的情形出現。

　　從以上所述之緝捕規定而言，可知唐代捕亡制度的建立與完善。唐律約束執法者的不法行為，並補充了緝捕的行政程序，以建構良好的捕亡制度。此外，律、令、格、式彼此之間相互關聯與制衡，使國家治理在這樣的制度之下，受到完全的控制與管理。而緝捕令的發布，更顯示出唐代訊息傳遞的作用與功能，中央與地方之間的聯繫，可藉由牓文的公布，將中央命令落實於全國各地，並維護良好的社會秩序，此正是捕亡制度的精神與執行的重要目的。

二、執行緝捕的任務

　　當地方官府接獲緝捕名單與公文之後，必須立即派遣緝捕者執行追捕工作，關於緝捕者的追捕程序，《天聖令》之復原唐令 1 規定：

> 諸囚及征防、流移人逃亡及欲入寇賊者，經隨近官司申牒，即移亡者之家居所屬及亡處比州比縣追捕。承告之處，下其鄉里村坊，令加訪捉。若未即擒獲者，仰本屬錄亡者年紀、形貌可驗之狀，更移比部切訪。〔註 22〕

以上所述之對象為一般逃亡者，如逃兵、逃戶、逃跑囚犯等，關於捕捉逃犯的行政程序，緝捕者先向相關單位申請後，向地方官府發出緝捕令，由官府派遣人員執行追捕。緝捕者根據緝捕內容，如查核戶籍資料進行緝捕，到「移亡者之家居所屬及亡處比州比縣追捕」。唐代戶籍資料有所謂的「貌定簿」，其中記載人民的外貌、特徵、年紀、居住地等相關資料，此有助於緝捕者在追捕罪犯時能更加便利。關於貌定簿內容，《吐魯番出土文書》之〈唐趙須章等貌定簿（？）〉載：〔註 23〕

〔註 22〕　《天一閣藏明鈔本天聖令校證・唐令復原研究》之復原唐捕亡令 1，頁 549～550。另可參照《唐令拾遺・捕亡令》「開元二十五年（737）」：「諸囚及征人、防人、流人、移鄉人逃亡及欲入寇賊者，經隨近官司申牒，即移亡者之家居所屬，及亡處比州、比縣追捕。承告之處，下其鄉、里、村、保，令加訪捉。若未即擒獲者，仰本屬，錄亡者年紀、形貌可驗之狀，更移比部切訪」。出自（日）仁井田陞著、栗勁等編譯，《唐令拾遺・捕亡令》（長春：長春出版社，1989），〈第二十八・囚及征防等人逃・開元二十五年〉，頁 657。

〔註 23〕　《吐魯番出土文書》第六冊，阿斯塔那 330 號墓，〈唐趙須章等貌定簿（？）〉，頁 446～448。本件紀年已缺，推測當在總章元年（668 年）到咸亨三年（672 年）之間。

（一）

（前缺）

1. □□□年□□□□□□□□

　　　　　　　第三戶

2. 趙湏章年廿二　　白丁□□　　樣似趙永□　上等

　　　　　　　□來　第三戶

3. □□□□□年五十一　　岸頭府衛士

　　　　　　　第□戶[下殘]

（後缺）

（二）

（前缺）

1. □□塠（堆）年廿七　　白丁　西行　樣似牛□□□□□□

　　　　　　　父老　一姪來年丁　第三戶

2. 　　兄隆了年卅六　　殘疾　丁癃　次等

3. 　　兄隆塠（堆）年卅二　　岸頭府衛士[下殘]

4. 趙朱貴年卅五　　白丁　次等　[下殘]

　　　　　　　第三戶

5. 趙漢子年廿三　　殘疾　左腳少枯細，兼患漏癃。

　　　　　　　次等　父老　第三戶

（後空）

《吐魯番出土文書》所載之「貌定簿」內容，記錄了相關的資料，如戶等、
年齡、外貌、身體特徵、擔任職務、其他親屬資料等，貌定簿記載了個人的
詳細資料，甚至連當事人的外貌，如樣似哪位，都有清楚的比對對象。此外，
殘疾之身的界定也有明確的標準，如趙漢子的殘疾狀況爲「左腳少枯細，兼
患漏癃。」從身體特徵的顯示，即可找到緝捕的對象，對於緝捕者而言，可
說是瞭若指掌。唐代緝捕者藉由地方官府所提供的戶籍資料或貌定簿，並配
合緝捕令所述之當事人樣貌、年紀、居住地等，緝捕者可以立即前往當事人
可能出現的地方，進行掩捕或訪捉。當發布緝捕令之後，接下來就是地方官
府的工作，唐代對此規定：「承告之處，下其鄉、里、村、坊，令加訪捉。」
〔註24〕須將緝捕內容公諸於所有的基層行政單位，再由所有基層執法人員進

〔註24〕《天一閣藏明鈔本天聖令校證・唐令復原研究》之復原唐捕亡令1，頁549～550。

行追捕。所謂「訪捉」之意，〔註25〕乃是緝捕者根據戶籍資料，於可疑之處進行訪問、查核、比對的方式，將罪犯緝捕歸案，因而有「訪捉」的涵義。

　　若有賊盜出沒或一般犯罪案件之處，須立即告知官府，《天聖‧捕亡令》之復原唐令 2 記載相關規定，可清楚看到賊盜與緝捕者之間的關係，以及捕捉的過程與相關的法令規章：

> 諸有賊盜及被傷殺者，即告隨近官司、村坊、屯驛。聞告之處，率隨近軍人及夫，從發處尋蹤，登共追捕。若轉入比界，須共比界追捕。若更入它界，須共所界官司對量蹤跡，付訖，然後聽比界者還。其本發之所，吏人須待蹤窮。其蹤跡盡處，官司精加推討。若賊在甲界而傷盜乙界及屍在（兩）界之上者，兩界官司對共追捕。如不獲狀驗者，不得即加徵考，又不得逼斂人財，令其募賊。即人欲自募者，聽之。〔註26〕

凡發生盜賊及刑事案件時，應馬上告知附近官府，並由官方率領附近軍人及民夫，從案發地點追尋罪人蹤跡，共同追捕。〔註27〕這些緝捕者，其中所包含的職稱相當多元且分工精細，但主要以縣尉為主，亦有一些小吏、鄉保、軍兵人員等。就如令文所述，若發生賊盜、殺傷，則由軍人、捕盜人追捕。若逃犯逃亡他處，則「其比界共追捕」。若案發所在之處，界線有所不清，如「賊在甲界而傷盜乙界及屍在兩界之上者」，則由兩方官司共同追捕。由此可知，地方和地方之間司法的連結性，並不會因區域劃分的差異，使其司法行政效力不張。反而，彼此間相互結合，藉由跨區域的方式追捕逃犯，維持一定的行政效率，更能有效控制、管理地方行政事務。此外，本條令文規定：「如不獲狀驗者，不得即加徵考，又不得逼斂人財，令其募賊。」緝捕者若無法順利捕捉到逃亡罪犯，不可強求他人予以捕捉，或使用違法行為要求他人追捕罪犯。這部分的規定主要是規範緝捕者濫用權力，強迫當地居民或是他人來追捕罪犯，這樣會將所有的法律責任推到人民身上，為了避免擾民的情況出現，中央在訂立律令之時，也要強調緝捕者與民眾之間的互動關係與約束力。

〔註25〕「訪捉」即搜尋、捉拿，「訪」字有「搜尋」之意。出自王啓濤，《吐魯番出土文書詞語考釋》（成都：四川出版集團巴蜀書社，2005），頁 142。

〔註26〕天一閣博物館‧中國社會科學院歷史研究所天聖令整理課題組，《天一閣藏明鈔本天聖令校證‧唐令復原研究》之復原唐捕亡令 2，頁 550。

〔註27〕桂齊遜，〈唐代律令關係試析——以捕亡律令關於追捕罪人之規範為例〉，收錄《唐研究》第十四卷（2008），頁 240。

關於官府追捕犯罪者或逃亡者的相關規定，有以下幾種狀況：首先，若未捕捉到逃亡者或犯罪者，則「錄亡者年紀、形貌可驗之狀，更移鄰部切訪」，捕捉之後再移送官司。〔註28〕此外，追捕人員的調發，《天聖‧捕亡令》之復原唐令3記載相關的捕亡行政程序，追捕罪人時須「合發人兵者，皆隨事斟酌用多少堪濟。」其次，若緝捕對象過多或是兇猛異常，官府附近若有軍府者，可以要求軍兵人員協助緝捕。再者，若追捕之力無法負擔，即告知比州比縣。經由審查之後得實，「先須發兵相知除剪，仍馳驛申奏」。最後，若緝捕者並未積極處理，致使賊得鈔掠或追討不獲者，當處錄狀奏聞。不論是否捕捉到罪人，捕盜之官、州縣府、軍府等相關執法人員皆附於考績之內。〔註29〕可見其行政程序的複雜性，在捕捉的過程中都須向相關行政單位申奏，並經由審核通過後，方可執行。至於緝捕的時限，在特殊狀況之下，如緝捕者應當追捕罪犯，卻使其脫逃，則法律規定緝捕者須於三十日內捉獲罪人，三十日內捕獲罪人稱為「限內」，超過三十日稱「限外」。〔註30〕此制度延續至宋代，緝捕者於限內緝捕到罪犯，會給予不同程度的賞賜；若限內不獲，則罰俸一個月，三次受罰則一次考核不合格，三次考核不合格，便撤職停官。〔註31〕唐代地方行政的執行與法規的落實有其關聯性，從上級到下級的權力運作，於律、令的條文裡皆清楚可見，更看出唐代相當重視逃亡者的管理。

最後，關於捕捉罪犯的時間與交通工具，唐代也有相關規定，緝捕者在追捕的過程中，需要良好的交通工具才能在時間內緝捕罪犯，因此所使用的馬匹絕對是壯馬。根據追捕的時程，對於馬匹的選擇也有規定：「二日以內，一日一夜馬行二百里，步行一百里；三日以外，一日一夜馬行一百五十里，步行八十里。若人馬有代易者，自依初制。」〔註32〕根據上述之令文，可以推測唐代緝捕者執行任務時，既會使用馬匹，也會利用步行的方式。若是兩

〔註28〕 天一閣博物館‧中國社會科學院歷史研究所天聖令整理課題組，《天一閣藏明鈔本天聖令校證‧唐令復原研究》，之復原唐捕亡令1，頁549～550。

〔註29〕 天一閣博物館‧中國社會科學院歷史研究所天聖令整理課題組，《天一閣藏明鈔本天聖令校證‧唐令復原研究》之復原唐捕亡令3，頁550。

〔註30〕 三十日內能自捕得罪人，獲半以上；雖不得半，但所獲者最重：皆除其罪。雖一人捕得，餘人亦同。……限外，若配贖以後，能自捕得者，各追減三等；即為人捕得及罪人已死，若自首，各追減二等。出自《唐律疏議‧捕亡律》卷28，「將吏捕罪人逗留不行」（總451條），頁525～527。

〔註31〕 王雲海，《宋代司法制度》（鄭州：河南大學出版社，1992），頁192。

〔註32〕 天一閣博物館‧中國社會科學院歷史研究所天聖令整理課題組，《天一閣藏明鈔本天聖令校證‧唐令復原研究》之復原唐捕亡令4，頁550。

日內可以完成追捕工作，馬行二百里、步行一百里，根據唐代「公式令」對於公文傳遞的時程，追捕速度幾乎是傳遞公文速度的二至三倍，若是三日以上者，仍接近傳遞公文速度的一點五倍。〔註33〕此外，人員、馬匹可以替換，若追捕期限緊迫，「如期會須速及力勘進者，不用此數」。從追捕過程所使用的人力與馬力，可知唐代對於緝捕逃亡者、犯罪者的重視，為了維護良好的社會秩序，官方嚴加管制不法者，運用精良的人員與交通工具，用最快的速度緝捕罪犯。除了擁有優秀的緝捕人員之外，追捕的行政程序與規定也相當完善，每條令文在在都限制著緝捕者的行政責任，以保障人民的生命安全與國家體制的運作。

三、移送官司

當緝捕者完成任務之後，必須將罪犯逮捕歸案，《天聖令》之復原唐令 1 規定：「捉得之日，移送本司科斷。其失處、得處並申尚書省。」〔註34〕其中所言「捉得之日」乃指緝捕罪犯的當天，須立即送交官府，不可有所怠慢，否則緝捕者可能會有失職之過。不論是否失職或完成任務，都須申報尚書省，列入考績，藉此限制緝捕者的責任。關於移送官司部分，《冊府元龜》記載唐文宗大和四年（831）詔令：

> 如有盜賊，同力追擒，仍具所差人數姓名，并所配防界，牒報京兆府。應捕獲賊，並先送府縣推問。如有諸軍諸使勘驗知情狀，如實是殺人及強盜，罪跡分明，不計贓之多少，聞奏訖牒報本司，便付京兆府決殺，其餘即各牒送本司。〔註35〕

由上述詔令之內容，可知唐代對於犯罪人的處理方式，軍兵人員須協助緝捕者進行追捕工作，史料提及「先送府縣推問」，即將犯罪者與逃亡者移送官司審理。若是罪證確鑿的盜賊、殺人犯，直接奏報相關官府或軍府處理，並交由京兆府負責裁決，可見緝捕者的職責相當重要，每個步驟都要小心處理，並按照行政程序進行，若有失職之過，則可能受到行政或法律上的處罰。將罪犯移送官司之後，接下來就是審訊的程序。唐代規定凡告人罪，官司皆須

〔註33〕 桂齊遜，〈唐代律令關係試析——以捕亡律令關於追捕罪人之規範為例〉，頁243～244。

〔註34〕 天一閣博物館・中國社會科學院歷史研究所天聖令整理課題組，《天一閣藏明鈔本天聖令校證・唐令復原研究》之復原唐捕亡令1，頁550。

〔註35〕 （宋）王欽若等撰，《冊府元龜・帝王部》，卷65，〈發號令四・文宗・令神策軍與府縣協捕寇賊詔〉，723-2～724-1。

三審立案，告人與被告人同禁，雙方可以對於案情進行辯解或說明，對證辯定後釋放無罪者。〔註36〕若為有罪者，繼續進行司法訴訟與審理的程序，司法單位經過案情的查核與分析，根據案情之內容情節處以應當的刑罰，並將所裁決之公文書呈報上級司法單位，以完成整個司法訴訟的程序。

　　若發生追捕不到罪人的情況，唐代亦有規定：「若追捕經三年，不獲者，停。」〔註37〕唐代捕捉罪人有一定的期限，並規定捕捉的人數比例、罪人已死、罪人自首等情形，以此來防止緝捕者失職的行為與相關法律責任。應當緝捕的罪犯，因過三年之限得以脫逃，沒有依法執行，反倒流連他處，繼續為非作歹，可能破壞地方的社會秩序。如過追捕三年後，依舊沒有捕獲犯罪者或逃亡者，就不須再進行緝捕，可能就此列為失蹤人口。但不代表超過三年未獲之罪犯就可無罪，若罪犯於三年期限後捕獲，亦必須移送官司。雖然官方對於緝捕者的行政責任有嚴加的規定，且將追捕犯罪、逃亡的人數列於考績評比，並要求軍兵人員、平民一同進行緝捕工作，但可能出現罪人難以追捕的狀況，尤其是數量龐大的寇賊等，可能多少受到影響。為了避免緝捕不力的情形出現，因此唐代才會如此重視緝捕者的行政效力與緝捕期限，以減低罪犯流亡他地，影響當地社會秩序的穩定性。

　　就緝捕的行政程序而言，所有緝捕的步驟、人員、資料、時限、官方文書等，都有一定的司法程序，如有不法的緝捕者，甚至須負擔行政與法律的責任，可以看出唐代對於捕亡制度的重視。而各官司之間的配合與協調，更是捕亡制度的重要核心，如果沒有行政機構的配合，幾乎無法完成所有的緝捕工作。在此可看出唐代對於全國之管理與社會秩序的維持，具有重要的關聯性與歷史意義。

第二節　緝捕過程的法律問題

　　本節主要討論緝捕者與罪犯之間的緝捕過程，尤其在緝捕過程中可能面臨的法律問題，如緝捕者失職、罪犯拒捕、緝捕者洩漏任務內容、知情藏匿罪犯、主司不覺失囚等失職狀況。以上所述之情況可分為緝捕者違法行為與罪犯拒捕之行為兩種，此兩類涉及到行政失職與刑事犯罪行為，法律制定相

〔註36〕陳登武，《從人間世到幽冥界──唐代的法制、社會與國家》，頁70～74。
〔註37〕天一閣博物館・中國社會科學院歷史研究所天聖令整理課題組，《天一閣藏明鈔本天聖令校證・唐令復原研究》之復原唐捕亡令1，頁550。

關規範約束緝捕者之緝捕工作與執行過程，以避免緝捕者與罪犯互相勾結，或沒有依法拘捕犯罪人，造成社會秩序的破壞。故在唐代的捕亡制度中，緝捕過程的法律問題相當重要，牽涉到緝捕者與逃亡、犯罪者之緝捕過程的行為與所形成的結果。本節主要討論緝捕過程中的法律規範，以及基層執法人員的法律責任，藉此可略觀唐律對於基層官吏的管理與社會秩序維持之間的相互關係。就其內容可分為以下幾種緝捕狀況：

一、緝捕者逗留不行之失職行為

關於緝捕者之失職行為，主要討論到《唐律疏議‧捕亡律》「將吏捕罪人逗留不行」條，此部分於本文第一章第三節「緝捕者的職責與規範」已有相關討論。緝捕者逗留不行，沒有落實緝捕的工作與任務，具有故意縱放罪犯之意，除了違反行政責任之外，也牽涉到法律責任。為了防止這些緝捕者在追捕罪犯的過程中有所怠慢、疏失，因此中央也制定相關的律令以規範緝捕者，確立基層人員的法律問題。《唐律疏議‧捕亡律》「將吏捕罪人逗留不行」條，規範將吏緝捕工作的相關規定：

> 諸罪人逃亡，將吏已受使追捕，而不行及逗留。雖行，與亡者相遇，人仗足敵，不鬥而退者，各減罪人罪一等；鬥而退者，減二等。即人仗不敵，不鬥而退者，減三等；鬥而退者，不坐。即非將吏，臨時差遣者，各減將吏一等。三十日內能自捕得罪人，獲半以上；雖不得半，但所獲者最重：皆除其罪。雖一人捕得，餘人亦同。若罪人已死及自首各盡者，亦從免法；不盡者，止以不盡人為坐。限外，若配贖以後，能自捕得者，各追減三等；即為人捕得及罪人已死，若自首，各追減二等。〔註38〕

對於將吏追捕罪人時，有其相關的法規，並依其事發之情節，處以不同的刑罰。據律文所述，其前提為緝捕者沒有盡到追捕的責任，「諸罪人逃亡，將吏已受使追捕，而不行及逗留。」為了嚴懲這樣的情形出現，以及維護司法執行的效率，因此中央制定相關的法律條文約束緝捕者的行為。將吏若於追捕罪人之時，逗留不願前行，沒有盡到捕捉罪人的職責，則緝捕者皆須處以重刑。就上述律文可分為以下幾種狀況：一，緝捕者有能力拘捕，卻不戰鬥而退守，減罪人之罪一等。二，緝捕者有執行拘捕的任務，並與罪犯戰鬥，但

〔註38〕（唐）長孫無忌，《唐律疏議‧捕亡律》卷 28，「將吏捕罪人逗留不行」（總451 條），頁 525～527。

沒有將罪犯緝捕歸案，亦屬失職之過，減罪人之罪二等。三，緝捕者之武力不足以對抗罪犯，沒有戰鬥而退守者，減罪人之罪三等。四，緝捕者武力不足以抗敵，確有執行緝捕工作，並與罪犯戰鬥，沒有失職之過，無違法行為，法律上屬於無罪。以上四種狀況，各依情節之輕重，對於緝捕者失職行為，處以相關法律之刑罰，唯有緝捕者用盡力氣，戰鬥之後依舊失敗，才可「不坐」。若有能力可以拘捕罪犯，緝捕者卻失守，理當有罪，且其罪刑不輕，以罪人之罪為標準減等，可見唐律對於基層執法人員的管理相當嚴格，盡量減低緝捕者的失職行為。

　　關於緝捕者所處之刑罰，《疏》亦有提到相關比對標準。緝捕者之身分界定可分成將吏與非將吏兩種，若為將吏者，即一般官府或軍隊所派之緝捕者，其罪為「各減罪人罪一等」，謂罪人合死，將吏處流三千里之類。若非將吏者，有可能為臨時差遣的民夫與丁役，其罪則減將吏之罪一等。〔註39〕就律文規定而言，緝捕者所處之刑罰標準，若罪人之罪為死刑，則緝捕者隨其狀況不同，在加減等上則有所差異。那麼緝捕者面臨哪些情況之下，需要處以刑責？主要的情形可分兩種，一為罪人與緝捕者武力相當之情形，二為罪人武力強於緝捕者之時。緝捕者面對此兩種不同情況，有可能會減低緝捕者追捕的執行效力，故利用法律的力量懲戒不法者。若緝捕者於追捕時未行武力取罪人，則所判之刑罰較重；反之，若有用武力取罪人，代表有行追捕之實，緝捕者雖逗留不行或未捕捉到罪人，卻可減輕罪刑。可見此條的制定，就是為了約束緝捕者，避免與罪人有所勾當或不法之事，實屬依法行事，不可有所輕慢。其中律文亦提到捕捉罪人的期限為三十日內，並規定捕捉的人數比例、罪人以死、罪人自首等情形，以此規範緝捕者的行為與職責。

　　此外，唐律也規定了緝捕的期限，如緝捕者當場發現罪犯，卻未能即時捉拿，致使罪犯逃亡的狀況，則緝捕的時限為三十日。主要乃因緝捕者失職，理當負起行政責任，不論在緝捕過程中是否順利捕獲罪犯，其結果都必須將罪犯緝捕歸案，以完成整個司法程序。其中提到緝捕者「獲半以上」，謂十人逃亡，獲得五六者，或「雖不得半，但所獲者罪最重者」，在三十日期限完成任務，緝捕者不須負擔法律責任，或雖只有一名緝捕者捕獲，其他緝捕者也可免其罪，〔註40〕畢竟有完成其任務，因此可減輕原本的失職之過。但也可

〔註39〕　（唐）長孫無忌，《唐律疏議‧捕亡律》卷 28，「將吏捕罪人逗留不行」（總
　　　　451 條），《疏》，頁 525～526。
〔註40〕　（唐）長孫無忌，《唐律疏議‧捕亡律》卷 28，「將吏捕罪人逗留不行」（總

能有例外，如罪犯已死亡或自首，緝捕者也可免罪。如果緝捕者在三十日內未緝捕到罪人，緝捕者就有行政上的失職之過，必須處以相關刑罰。就法律的規定而言，若緝捕者「能自捕得者，各追減三等；即為人捕得及罪人已死，若自首，各追減二等。」唐代規定三年之後就可停止追捕罪犯，此處所言可能為三十日以後，三年之內捉獲到罪犯的情形，緝捕者多少可減輕其刑。為了嚴懲不法的緝捕者，有時也會用罰款的方式予以懲戒，可參考第一章第三節「緝捕者的職責與規範」的部分，已有相關論述。

　　本條律文主要規範緝捕者的違法行為，此處可能涉及到故縱罪犯之舉，因此法律格外嚴懲這類的緝捕者，也可看出唐代對於緝捕過程與結果的重視，對此都有詳細的規定，緝捕者不可有所怠惰或失職的理由，也可避免緝捕者破壞捕亡制度的規範與社會秩序的維護。

二、罪犯拒捕的狀況

　　除了上述的狀況之外，緝捕者亦有可能遇到罪人抵抗的情形，若沒有順利捕捉到罪人，則有吃官司甚至被處以重刑的壓力。畢竟「追捕罪人」實屬危險之事，若盡力完成任務，則可能性命不保。然而，此時的緝捕者該如何處理？《唐律疏議・捕亡律》「罪人拒捕」條規定：

> 諸捕罪人而罪人持仗拒捍，其捕者格殺之及走逐而殺，若迫窘而自殺者，皆勿論；即空手拒捍而殺者，徒二年。已就拘執及不拒捍而殺，或折傷之，各以鬪殺傷論；用刃者，從故殺傷法；罪人本犯應死而殺者，加役流。即拒毆捕者，加本罪一等；傷者，加鬪傷二等；殺者，斬。〔註41〕

若遇到罪人拒捕，緝捕者可以當場殺之，則此時緝捕者無罪，此律文的規定保障緝捕者的權利，以及降低緝捕者的生命危險。關於本條律文，學者柳立言將此分成三種狀況，（1）罪人持仗拒捍，其捕者格殺之及走逐而殺（2）空手拒捍而殺者，徒二年（3）已就拘執及不拒捍而殺，或折傷之，各以鬪殺傷論。關於緝捕者可合法殺罪犯的情形，柳氏推論盜者持仗拒捍，不敢逃走，手中若無械，緝捕者恐罪犯逃亡，故罪犯雖為空手，亦得殺之。〔註42〕面對

　　　　451條），《疏》，頁526。
〔註41〕（唐）長孫無忌，《唐律疏議・捕亡律》卷28，「罪人持仗拒捕」（總452條），
　　　　頁527～528。
〔註42〕柳立言，〈宋代罪犯的人權：在何種情況下捕者可以殺死不持械逃跑的盜

罪犯持有武器，具有傷害緝捕者生命安全之危險性，唐律制定此條以保障緝捕者的安全。罪犯本身已有犯罪之實，加上逃亡並持武器拒捕，可說是罪上加罪。面對正當防衛之狀況，緝捕者可依其情勢，當場擊斃罪犯，不論罪犯是否為緝捕者所殺或畏罪自殺，緝捕者都不須負有法律責任。若罪犯空手戰鬥拒捕，緝捕者當場擊斃，則處以二年徒刑，因罪犯並未持有武器，沒有直接傷害緝捕者安全之危險性，但緝捕者卻殺之，有處置過當之舉，因此就法律的規定而言，緝捕者執行過當應處以刑罰懲治，也為此保障罪犯的生命安全，避免緝捕者趁機殺害罪犯。

　　本條律文也規定緝捕者對待罪犯的管理方式，若罪犯沒有任何反抗、拒捕之跡，甚至手無寸鐵者，緝捕者若藉機殺害也屬有罪，且有故意之行為結果，可以鬥殺傷之罪論處。〔註43〕若故意使用刀刃等利器殺傷罪犯，則以故殺傷論罪。若就律文規定而言，可推測緝捕者有意殺傷罪人，則此時緝捕者則須處以刑罰，此條亦規定罪人的權利，避免緝捕者趁公之名義，行殺傷之實。若有毆、傷、殺緝捕者之情況，罪人得加重罪刑。故此條律文的制定，乃保障緝捕者和罪人之間的利害關係，不論是哪方，理虧者都可受到法律的保護，亦可看出唐代對於捕亡制度的建立與成熟。若緝捕者故意殺傷罪犯，而罪犯有反抗之行為出現，「即拒毆捕者，加本罪一等；傷者，加鬥傷二等；殺者，斬。」唐律根據罪犯對於緝捕者所造成輕重之結果，處以不同之刑罰。

　　關於罪犯抵抗緝捕者之狀況，《新唐書・蕭廩傳》載：「田令孜養子有罪亡，擊捕吏，繫獄，請救踵門，廩不納，杖殺之，內外畏讋。」〔註44〕蕭廩於唐僖宗時期擔任京兆尹一職，時逢宦官田令孜養子犯罪而亡，逃亡過程中又襲擊緝捕者，妨礙公務的執行，可謂罪刑嚴重。就唐律規定：「拒毆捕者，加本罪一等；傷者，加鬥傷二等；殺者，斬。」從本案例罪犯之行為看來，「擊捕吏」已構成「拒毆捕者」之犯罪行為，最重可處死刑，但文中並無清楚說明緝捕者之傷勢或是否已死亡，蕭廩最後以「杖殺之」處置罪犯，可見田令孜養子在襲擊緝捕者的過程中，其應當具有鬥毆之犯罪行為，或有殺傷之舉，

　　者？〉，收錄於宋代官箴研讀會編《宋代社會與法律——《名公書判清明集》討論》（臺北：東大，2001），頁75～77。

〔註43〕關於鬥殺傷罪論處，可參考《唐律疏議・鬥訟律》「鬥毆折齒毀耳鼻」（總303條）、「兵刃斫射人」（總304條）、「毆人折跌支體瞎目」（總305條）、「鬥故殺人」（總306條）等。

〔註44〕（宋）歐陽修，《新唐書・蕭廩傳》，卷101，頁3960。

故蕭廩所判之罪甚重，當然亦可能為了殺雞儆猴的作用，因此在刑罰的處置上也較重。

此外，唐律亦規定已被囚禁之罪犯，出現拒捍、反抗或攻擊緝捕者之行為。《唐律疏議‧捕亡律》規定：「諸被囚禁，拒捍官司而走者，流二千里；傷人者，加役流；殺人者斬，從者絞。若私竊逃亡，以徒亡論。」〔註45〕若有被囚禁之罪犯，不願接受法律制裁，因而出手傷害緝捕者等官方機構人員，造成他人之死亡、傷害等，皆處以重刑嚴加規範。在囚禁的過程中，罪犯拒捍趁機逃亡，則屬於「逃亡罪」。若罪犯已有罪在身，加上逃亡之罪，或殺傷緝捕者之刑責，視為重刑罪犯，國家對此類罪人嚴加管理，所處之刑責也較其他種類為重。且這類罪犯有危害官府人員之舉，嚴重威脅到國家權力之行使，甚至貶低司法制度之執行，通常都會加重其刑，以示社會大眾。

上述之法律條文主要規範緝捕者與罪犯之間的法律問題，為了保障緝捕者的生命安全，因而制定此條，讓緝捕者有權擊斃罪犯，對緝捕者而言是一種關於維護己身安全的正當防衛。但為了預防緝捕者藉此濫用權力、濫殺無辜，唐律對此規定，若罪犯空手拒捕或已被擒獲，緝捕者卻依舊行殺傷之舉，有濫權之嫌疑，可依鬥殺傷罪論處。〔註46〕可看出本條律文的規範對象與意涵，避免罪犯傷害緝捕者，但也同時保障罪犯的基本人權，緝捕者不可隨意緝捕或殺傷罪犯。

三、旁人須協助緝捕工作

除了上述緝捕者與罪犯的法律問題之外，亦可能面對緝捕者本身能力與武力無法抗敵之情形，此時的緝捕者該如何解決問題？是該退守放棄緝捕？亦或是尋求他人的協助？又該如何尋求協助？若緝捕者根據行政程序，依法緝捕罪犯，卻面臨無力追捕罪人的狀況，唐律規定可要求旁人協助。關於「旁人」的定義，就唐律之規定而言，如道路行人、鄰里、案發現場的相關人等，此類皆屬於「旁人」。意即面對案發現場或發現罪犯、逃亡者之時，除了官府緝捕者之外，附近的相關人員，甚至百姓也必須投入緝捕工作，提供必要的幫助。就道路行人協助而言，唐律規定若行人不予以協助，則處以杖八十之

〔註45〕（唐）長孫無忌，《唐律疏議‧捕亡律》卷28，「被囚禁拒捍走」（總465條），頁537～538。
〔註46〕桂齊遜，〈唐代律令關係試析——以捕亡律令關於追捕罪人之規範為例〉，頁232～233。

刑；若無力協助則無罪。〔註47〕所謂「無力協助」的狀況，唐律規定：「隔川谷、垣籬、壍柵之類，不可踰越過者及馳驛之類。稱『之類』者，官有急事，及私家救疾赴哀，情事急速，亦各無罪。」〔註48〕因此，面對緝捕罪犯一事，唐代的法律規範相當多元且嚴謹，不論是否爲官方的緝捕人員，任何旁人都可能具有緝捕罪犯的任務。

唐代捕亡制度的特色之一，在於緝捕工作人人有責，甚至是道路行人都必須協助緝捕者，以期能順利完成緝捕的工作，也可看出唐代對於社會秩序維護的重視與執行成效。關於旁人協助追捕的狀況，若在特定之狀況下，可以即時緝捕歸案，不須待行政程序之規定緝捕，也就是身處案發現場的相關人員。根據《唐律疏議・捕亡律》「被毆擊姦盜捕法」條：「諸被人毆擊折傷以上，若盜及強姦，雖傍人皆得捕繫，以送官司。」〔註49〕面對附近有人行違法之犯罪行爲，旁人可當場拘捕，並移送官司。此外，若是鄰里有發生刑事案件，旁邊鄰居或基層單位應當予以協助，唐律對此規定：「諸隣里被強盜及殺人，告而不救助者，杖一百；聞而不救助者，減一等。」〔註50〕根據唐代規定，若有發生強盜、賊盜等刑事案件，基層行政單位或鄰里應當立即向官司提出告訴，並協助官方辦案。〔註51〕若沒有即時向官司申請告訴，根據其情節輕重，沒有救助鄰里者，會處以杖一百或杖九十之刑責，其刑責相當重。

另外，關於鄰里救助之條文亦規定：「力勢不能赴救者，速告隨近官司，若不告者，亦以不救助論。其官司不即救助者，徒一年。」〔註52〕就上述法規內容而言，鄰里的態度可分爲兩種，一爲有能力救助而不救助，根據法條規定處以杖一百或杖九十之刑責。二爲無能力救助者，勿論；若未向官司提

〔註47〕　（唐）長孫無忌，《唐律疏議・捕亡律》卷 28，「道路行人不助捕罪人」（總454 條），頁 529。

〔註48〕　（唐）長孫無忌，《唐律疏議・捕亡律》卷 28，「道路行人不助捕罪人」（總454 條），頁 529。

〔註49〕　（唐）長孫無忌，《唐律疏議・捕亡律》卷 28，「被毆擊姦盜捕法」（總 453條），頁 528。

〔註50〕　（唐）長孫無忌，《唐律疏議・捕亡律》卷 28，「隣里被強盜不救助」（總 456條），頁 530。

〔註51〕　諸有賊盜及被傷殺者，即告隨近官司、村坊屯驛。可參考《天一閣藏明鈔本天聖令校證・唐令復原研究》之復原唐捕亡令 2，頁 550。

〔註52〕　（唐）長孫無忌，《唐律疏議・捕亡律》卷 28，「隣里被強盜不救助」（總 456條），頁 530～531。

出告訴，仍以「不救助」論處。就處罰對象而言，若官司已得知，卻不予以處理者，則處以徒一年之刑責，比鄰里不救助之罪加重一等。官司的處理態度是中央重視的部分，它維繫著地方社會秩序的維護，若有所差錯，勢必造成嚴重的影響，因此中央對此特別嚴懲不法的官司。若爲竊盜之刑事案件，各減二等，即承告而不救助者，杖八十；聞而不救助者，杖七十；官司承告不即救助者，杖九十。唐代法律乃根據情節之輕重，處以相當刑責，以懲戒違法民眾與官方單位。

唐代社會相當重視鄰里之間的互助，並組成基層的行政體系，以利於中央治理全國，形成完整的通報系統，全面掌控各地方行政、司法、財政等事務。唐代社會以「四家爲鄰，五家爲保」之型態爲主，〔註53〕此鄰保制度具有互助合作的社會意義，如有發生司法訴訟案件，鄰里理當協助，沒有即時協助者須受法律的處罰，並藉此向社會大眾宣示國家對於法律的落實程度與重要性，不可有逾越國家體制之外的行爲出現。因此，旁人、鄰里若不救助他人，視爲違法之舉。唐代對於當場緝捕罪犯之規定相當清楚，爲了防止犯罪當事人趁機逃跑，因而規定旁人可協助追捕犯罪人，以保障緝捕工作的執行效率，並可配合實際司法訴訟的方式，將罪犯直接移送官司，以維護國家司法制度的運作。從鄰里互助與旁人協助之緝捕規定而言，可知唐代對於捕亡制度之法律規範與執行程度的重視，因爲有嚴格的法規，故基層執法人員或是民眾，不敢有輕易越矩之行爲，否則將受到嚴厲的懲罰。捕亡制度除了嚴懲逃亡者與犯罪者之外，對於緝捕者與民眾協助的情況也都列於規定範圍之內，以維持良好的社會風俗與治安管理制度。

四、洩漏機密或容隱故縱之過

在緝捕過程中，唐代緝捕者身爲基層執法者，他們具有行政和法律上的責任，尤其在緝捕罪犯的過程裡，法規在在約束著緝捕者的濫權與不法行爲。緝捕者可能面臨人情壓力，或是其他因素的影響，在緝捕時發生不當的行爲，如洩漏緝捕的對象與內容，造成罪犯有逃亡的機會。首先，在捕捉罪人之時，雖有發布公文以利執行，若涉及到罪犯爲達官貴人或當地有勢之士，則可能致使緝捕者有洩漏風聲之嫌。因此，唐律規定：「諸捕罪人，有漏露其事，令

〔註53〕里及坊村皆有正，以司督察。四家爲鄰，五鄰爲保。保有長，以相禁約。出自《舊唐書・職官志二》，卷43，頁1825。

得逃亡者，減罪人罪一等。」〔註54〕本條律文在於約束緝捕者應當保密的責任，根據行政程序的規定，緝捕者會接收到上級單位發布的緝捕令，根據緝捕令之規定對象、居住地、犯罪事實等相關內容，尋跡追捕罪犯。若緝捕者接到緝捕令後，沒有立即緝捕當事人，反倒洩漏重要機密，造成當事人有機會逃亡，則緝捕者有失職之過，甚至故意縱放罪犯，可謂罪上加罪，故處以減罪人之罪一等，可見洩漏緝捕機密之罪刑相當重。

對此，唐律另有規定：「未斷之間，能自捕得，除其罪；相容隱者為捕得，亦同。即他人捕得，若罪人已死及自首，又各減一等。」〔註55〕雖然緝捕者有失職之過，若能將罪犯緝捕歸案，可依其功績免罪。唐代對於緝捕者的違法行為雖有法規嚴懲，但大多有解決之道，如緝捕者能順利捕捉到罪犯，皆能減刑或免罪，若罪犯自首或已死亡，也可根據情況予以減罪。可看出唐代主要關注於未捕捉之罪犯對於社會秩序的影響，因為逃亡的罪犯極有可能破壞良好的社會秩序，更造成治理的負擔，故嚴懲違法或失職的緝捕者，以維護當地治安的管理。因此，唐律許多條文裡，對於已捕獲之罪犯，相關緝捕者都可減罪或免罪，以鼓勵緝捕者的執行成效，也確立了捕亡制度對於社會秩序的影響力。

此外，亦有可能知情故縱，或是藏匿罪犯之情況。這類型之出現大多為尊長或卑幼之間相互隱瞞，尤其是家族、主僕、朋友間的容隱或藏匿。唐律規定：「諸知情藏匿罪人，若過致資給。令得隱避者，各減罪人罪一等。」所謂「知情藏匿」乃指知罪人之情，主人為相藏隱。而「過致資給者」即指授道途，送過險處，助其運致，並且資助衣糧，遂使罪犯潛隱或逃亡他處。〔註56〕就違法行為而言，知情故縱與藏逆罪犯都會處以重刑，只減罪人之罪一等，不論是藏匿者還是罪犯本人都屬於違法者，緝捕者皆可予以緝捕歸案，移送官司審理。但就情理而言，家族、朋友之間的隱瞞與藏匿，合乎人情之故，在唐代甚至有復仇之舉。〔註57〕尤其是同居者之間的相互容隱，在法律上是可

〔註54〕（唐）長孫無忌，《唐律疏議・捕亡律》卷28，「捕罪人漏露其事」（總455條），頁529。

〔註55〕（唐）長孫無忌，《唐律疏議・捕亡律》卷28，「捕罪人漏露其事」（總455條），頁530。

〔註56〕（唐）長孫無忌，《唐律疏議・捕亡律》卷28，「知情藏匿罪人」（總468條），頁540。

〔註57〕關於唐代復仇的研究，可參考陳登武，〈「復仇」──國家公權與私刑的兩難〉，《從人間世到幽冥界──唐代的法制、社會與國家》，頁249～284。

承認的，並且無罪。《唐律疏議・名例律》「同居相爲隱」條規定：

> 諸同居，若大功以上親及外祖父母、外孫，若孫之婦、夫之兄弟及
> 兄弟妻，有罪相爲隱；部曲、奴婢爲主隱：皆勿論，即漏露其事及
> 摘語消息亦不坐。其小功以下相隱，減凡人三等。若犯謀叛以上者，
> 不用此律。〔註58〕

若根據〈名例律〉之規定，則與〈捕亡律〉「知情藏匿罪人」條有牴觸之狀況，對於同居者而言，知情相隱無罪。故〈捕亡律〉之限定對象爲非同居者，且有知情故縱或資助對方逃亡之舉，在這樣的情況之下才算有罪。

再者，官方單位有可能面臨失囚的問題。此處又可分爲主司不覺失囚與故意失囚兩種，關於「故意失囚」部分，可參考《唐律疏議・捕亡律》「知情藏匿罪人」條之處罰規定，另外「主司不覺失囚」條亦規定：「故縱者，不給捕限，即以其罪罪之」，〔註59〕爲主司和監當官未善盡責任的懲罰，可見唐代對於違法官吏的懲處相當嚴苛。至於「主司不覺失囚」，唐律規定：「諸主守不覺失囚者，減囚罪二等；若囚拒捍而走者，又減二等。」〔註60〕此處所謂「不覺」乃指主司失職之過，並無故意縱放罪犯之意，因此可減罪犯之罪二等。若受到囚犯攻擊或反抗，而丟失罪犯，可減罪犯之罪四等。但不論是上述哪種情況，主司都具有失職之過，沒有盡力緝捕、拘提罪犯，皆須受到處罰。緝捕者或主司若能在期限內追捕歸案，則可能免罪。關於緝捕罪犯的時限問題，唐律記載：「皆聽一百日追捕。限內能自捕得及他人捕得，若囚已死及自首，除其罪；即限外捕得，及囚已死若自首者，各又追減一等。」〔註61〕若在時限內將罪犯緝捕歸案，可藉此減輕主司的刑責。若爲監當官，又可減主司之罪三等，因爲監當官具有監督、檢察的責任，若出現失囚的情形，也須負擔部分法律責任，其刑責輕於主司。尚未進行法律裁決之前，主司或相關執法人員，能自行捕捉罪犯，或他人已捕獲，或囚犯已死及自首之情形，各減一等。

〔註58〕（唐）長孫無忌，《唐律疏議・名例律》卷6，「同居相爲隱」（總46條），頁130。

〔註59〕（唐）長孫無忌，《唐律疏議・捕亡律》卷28，「主司不覺失囚」（總466條），頁539。

〔註60〕（唐）長孫無忌，《唐律疏議・捕亡律》卷28，「主司不覺失囚」（總466條），頁538。

〔註61〕（唐）長孫無忌，《唐律疏議・捕亡律》卷28，「主司不覺失囚」（總466條），頁538。

官方人員具有知法守法的責任，不論是基層執法的緝捕者，或是主司、監當官等，對於社會秩序都具有重要的職責。若有任何違法者，法律皆會嚴加規定刑責，處罰不法的執法人員。甚至有知情故縱、洩漏情報之行為，更是對於國家體制有嚴重的威脅，此為國家所無法容忍的情況。為了維護良好的捕亡制度，必須嚴加控制緝捕組織與相關人員，以及罪犯的管理制度等，讓司法制度的運作能更加順利且有效率。因此，不論是緝捕者或是罪犯，在緝捕過程中所面臨的法律問題，皆是捕亡制度的重要一環。

綜合以上所述內容，本節主要探討緝捕者與罪犯之間的法律問題，因為中央對於罪犯的管制相當重視，也為了維持安定的社會秩序與國家體制的運作，不論是緝捕者還是罪犯，本身都帶有法律上的責任。緝捕者本為正義的化身，將罪犯追捕到案，是他們重要的職責。若無法盡責，且有被買通之嫌，都須處以重刑懲戒。至於逃亡者或罪犯，本身已具有危害社會秩序的問題，因此須藉由緝捕歸案的方式，約束並懲戒違法者。不論是基層執法人員，或是一般百姓的犯罪違法問題，從這些律令的探討可發現，捕亡制度維繫著當地的治安管理、行政制度、司法執行效力等相關事務，而緝捕者更是不可輕忽的重要人物。

第三節　實務面的個案探討

本節配合本章之論述核心，結合第一節「緝捕的行政程序」與第二節「緝捕過程的法律問題」之內容，呈現相關法律文獻，予以探討、分析個案與法規之間的關聯性。主要提出幾則相關法律個案，探討唐代捕亡制度之執行過程與可能觸及的面向，並從個案的探討裡，可看出地方司法實際運作的模式與落實程度。本節主要以《折獄龜鑑》、《太平廣記》、《全唐文》等相關法律文獻，作深入之探討與分析，透過不同之法律個案研究，以了解唐代司法執行的程度與成效。

一、緝捕罪犯與搜取證據

關於搜取證據的部分，唐代緝捕者在傳喚當事人時，同時具有搜取證據的職責。《折獄龜鑑》之〈崔黯搜孥〉有相關記載：

> 唐崔黯，鎮湖南。有惡少，自髡鉗為傭隸，依託佛教，幻惑愚俗，積財萬計。黯始下車，恐其事敗，乃持牒詣府，云：「某發願焚修三

年，今已畢，請脫鉗歸俗。」黯問：「三年教化，所得幾何？」曰：
「逐旋用，不記數。」又問：「費用幾何？」曰：「三千緡，不啻。」
黯曰：「費者有數，納者不記，豈無欺隱！」命搜其室，妻孥蓄積甚
於俗人。既服矯妄，即以付法。舊不著出處。脫鉗事又見「察奸門」。
〔註62〕

唐代崔黯為唐文宗時期之進士，〔註63〕此時出任湖南觀察使，觀察使為一種
監察官，本稱為「採訪使」，對當地行政、軍事具有監督、回報朝廷的職責，
至唐玄宗之後，觀察使權位漸增，對於地方治安勢必有所影響。崔黯為為唐
文宗時期的觀察使，遇有惡少藉佛教之名義，行詐騙之實，因怕被發現，先
向崔黯自行認罪，但實有隱瞞、欺詐。崔黯身負監督管理當地治安之責，面
對人民受騙詐財一事，遂下令「搜其室」，竟發現「妻孥蓄積甚於俗人」，此
乃惡僧，假借佛教化緣方式，詐騙他人善心取財，故移送官司審理。就崔
黯搜宅的行為而言，唐代並沒有規定執法人員不可進入他人住家搜取證據。崔
黯肯定在先前發現此惡僧有所不法，因而向官府提出拘捕、搜查的申請，此
乃根據《天聖・捕亡令》之復原唐令 2：「諸有賊盜及被傷殺者，即告隨近官
司、村坊、屯驛。」〔註64〕推測此時崔黯搜宅應當持有官府同意傳喚之公文
書，即發布緝捕令，故整個搜捕的過程中，並無違法行為。

　　此外，為了加強司法執行的效率，緝捕罪犯的過程中，緝捕者應當會將
相關證據帶入官司審理。《唐律疏議・斷獄律》「訊囚察辭理」條規定：「若贓
狀露驗，理不可疑，雖不承引，即據狀斷之。」而所謂「贓狀露驗」，乃指「計
贓者見獲真贓，殺人者檢得實狀，贓狀明白，理不可疑，問雖不承，聽據狀
科斷。」〔註65〕如有發生兇殺案之現場勘查與檢驗，或是盜賊之贓物證據等，
緝捕者會將相關證物帶回作證，此乃物證的部分。另外，對於屍體的檢驗部
分，後唐明宗天成元年（927）也有相關記載：「伏據近年以來，凡是死亡之

〔註62〕　（宋）鄭克著、劉俊文譯注，《折獄龜鑑譯注》，卷5，〈懲惡・崔黯搜孥〉，頁
　　　　249。

〔註63〕　關於崔黯，「黯字直卿，大和二年（828）進士。開成初為青州從事，入為監
　　　　察御史，遷員外郎，會昌中以諫議大夫出為江西觀察使」。出自（清）董誥，
　　　　《全唐文》，卷757，〈崔黯〉，頁7852-2。

〔註64〕　天一閣博物館・中國社會科學院歷史研究所天聖令整理課題組，《天一閣藏明
　　　　鈔本天聖令校證・唐令復原研究》之復原唐捕亡令2，頁550。

〔註65〕　（唐）長孫無忌，《唐律疏議・斷獄律》卷29，「訊囚察辭理」（總476條），
　　　　頁552。

家，並是臺司左右巡使舉勘，差驅使官與諸司人同行檢驗指揮。」〔註66〕對於不同的死者身分，則檢驗的官吏也有所不同：「凡京城內應有百姓死亡之家，祗勒府縣差人檢驗；如是軍人，祗委兩軍檢勘；如是諸道經商客旅，即地界申戶部使差人檢勘，仍逐司各具事由及同檢勘行人等姓名，申臺及本巡察。」〔註67〕雖然沒有找到唐代關於驗屍的史料，但從後唐時期之御史臺紀錄，可推測唐代應當也有相關的措施。由此可知，當場所搜取之物證相當重要，更是司法審理中，具有決定性的關鍵。最後，文獻有載「既服矯妄，即以付法。」崔黯搜宅之行爲，將惡僧詐取之財物、人員等相關證物，移送官司辦理，以協助司法的審理，更顯示出緝捕工作的重要性。而此個案之結果，違法之惡少假扮僧侶詐財，因物證齊全，亦難逃法律的制裁。

　　上述個案爲崔黯蒐證的例子，崔黯雖非縣衙之緝捕者，但仍具有維護社會秩序的職責，面對不法之嫌疑者，仍舊依法執行，藉由搜宅的方式，將犯罪人之不法所得呈現公堂，對於司法審理有很大的幫助。至於搜宅蒐證一事，《折獄龜鑑》之〈魏昶搜宅〉另有記載：

> 唐中書舍人郭正一破平壤，得一高麗婢，名玉素，極姝豔，令專知財物庫。正一夜須漿水粥，玉素遂毒之。良久，覓婢不得，又失金銀器四十餘事。敕令捕賊，鼎沸三日。長安、萬年捉不良有主帥魏昶，請喚舍人家奴，取少年端正者三人，布衫籠頭；又傳衛士四人，問：「十日以來，何人曾覓舍人家？」衛士云：「有投化高麗，留書與舍人捉馬奴，書見在。」取驗之，但言「金城坊中有一空宅」，更無他語。昶乃往金城坊應空宅並搜之，果至一宅，封鎖甚密，即時打開，婢及投化高麗皆在，乃是投化高麗與捉馬奴藏之。敕斬於東市。〔註68〕

唐代中書舍人郭正一，〔註69〕得一美艷的高麗婢女，名爲玉素，且專長財物。

〔註66〕（清）董誥，《全唐文》，卷970，闕名，〈請定檢勘非理死亡及喪葬儀制奏（天成元年（927）十二月御史臺〉，頁10066-2。

〔註67〕（清）董誥，《全唐文》，卷970，闕名，〈請定檢勘非理死亡及喪葬儀制奏（天成元年（927）十二月御史臺〉，頁10066-2。

〔註68〕（宋）鄭克著、劉俊文譯注，《折獄龜鑑譯注》，卷7，〈迹賊・魏昶搜宅〉，頁406～407。

〔註69〕關於郭正一有載：「定州鼓城人。……貞觀中舉進士。累轉中書舍人、弘文館學士。永隆二年（681），遷祕書少監，檢校中書侍郎，與魏玄同、郭待舉並同中書門下平章事。宰相以平章事爲名，自正一等始也。」此處個案指郭正

然某日玉素失蹤，又遺失金銀器四十多件，此時郭正一根據行政程序，向官府提出告訴，再由官府發布緝捕令，「敕令捕賊，鼎沸三日」。長安縣與萬年縣的「緝捕主帥」為魏昶，推測魏昶應為「捕賊官」，下令追查此案。從本案之敘述，可知魏昶雖為緝捕官吏，除了有拘捕罪犯的工作之外，亦包含尋找盜賊與贓物之跡。因此，可傳喚郭正一之家奴，並執行審問勘查的工作。可見唐代的緝捕者，在一定的程度上具有緝捕和部分審問的工作。本案之魏昶主要藉由審問的方式，探詢盜賊與贓物的蹤跡，應當算是搜尋證物與罪犯，其中並無違法的行為。經過魏昶的詢問之後，因「金城坊中有一空宅」一語，魏昶確定了盜賊與贓物的可能位置，於是「往金城坊應空宅並搜之，果至一宅，封鎖甚密，即時打開，婢及投化高麗皆在。」魏昶透過尋跡、搜宅的方式，成功捉得相關罪犯與贓物，經過審理之後，罪犯也得到應有的懲罰。

　　以上所舉二例，皆與「蒐證」有關。犯罪當事人將所得之贓物藏於宅室，並故佈疑陣，假冒身分等方式，讓執法人員無法辨別真假。但因崔黯與魏昶仔細尋蹤的結果，才讓案情明朗化。可見唐代緝捕者除了執行緝捕、傳喚當事人的工作之外，在必要時也須即時搜查證據、檢驗或勘查案發現場，提供相關物證，以協助官府的司法審理。

二、蒐證不足未能緝捕歸案

　　唐代緝捕者主要以傳喚、拘捕相關當事人為主的工作，此外也包含了搜取證據、檢查勘驗的職責，因為緝捕者也是司法體系的一員，具有維護司法審理的執行與落實，必當協助官府捕捉犯罪者或逃亡者。但也有未能找出有利證據，造成罪犯逍遙法外的事例。《太平廣記》引盧肇《逸史》「嚴武盜妾」條：

> 唐西川節度使嚴武，少時仗氣任俠，嘗於京城，與一軍使鄰居。軍使有室女，容色豔絕。嚴公因窺見之，乃賂其左右，誘至宅。月餘，遂竊以逃，東出關，將匿於淮泗間。軍使既覺，且窮其跡，亦訊其家人，乃暴於官司，亦以狀上聞。有詔遣萬年縣捕賊官專往捕捉，捕賊乘遞，日行數驛，隨路已得其蹤矣。嚴武自筆縣，方雇船而下，

一為中書舍人，應當為唐高宗永隆二年（681）之前，推測應是唐高宗總章元年，攻拔高句麗都城平壤一事。然鄭克對此案之記載，認為小說所記載的傳聞謬說，不值得相信，姑且取其事跡做為參考。出自（後晉）劉昫，《舊唐書·郭正一傳》，卷190中，頁5009～5010。

聞制使將至，懼不免，乃以酒飲軍使之女。中夜乘其醉，解琵琶絃
縊殺之，沈于河。明日制使至，搜捕嚴公之船，無跡乃已。嚴公後
為劍南節度使，病甚，性本彊，尤不信巫祝之類。有云云者，必罪
之。〔註70〕

唐代節度使嚴武，〔註71〕少時誘拐軍使之室女。關於唐代誘拐婦女之罪，唐
律規定：「諸略人、略賣人奴婢者，絞；為部曲者，流三千里；為妻妾子孫
者，徒三年。和誘者，各減一等。」〔註72〕嚴武誘拐婦女，又納為己有，雖
不可推測是否納為妻妾，但必定有其實，就如本篇標題「嚴武盜妾」，確有
其事。

　　就唐律規定，嚴武應當以「和誘罪」論處，處以徒二年半之刑責。因為
事關重大，軍使「窮其跡，亦訊其家人，乃暴於官司，亦以狀上聞。」根據
法律規定，當有發生法律訴訟案件時，應當立即向官府提出告訴。但軍使卻
先私下訪查、詢問，並未當下申牒，推測因室女被盜，礙於面子問題，不敢
大肆向官府報案。然而，最後還是被官府得知，軍使「以狀上聞」。此處所言
「狀」，即提出「訴狀」，又可稱為「告狀」、「下牒」、「款狀」、「過狀」等詞，
有時也會寫成「訴論」或「論訴」。〔註73〕關於「訴狀」的呈現方式，唐律規
定：

諸告人罪，皆須明注年月，指陳實事，不得稱疑。違者，笞五十。
官司受而為理者，減所告罪一等。即被殺、被盜及水火損敗者，亦
不得稱疑，雖虛，皆不反坐。其軍府之官，不得輒受告事辭牒，若
告謀叛以上及盜者，依上條。〔註74〕

〔註70〕（宋）李昉，《太平廣記》引盧肇《逸史》，卷130，〈報應二十九‧婢妾二‧
　　　　嚴武盜妾〉，頁920～921。
〔註71〕據《舊唐書》載：「東川節度判官韋收薦震才用於節度使嚴武，遂授合州長史。
　　　　及嚴武移西川，署為押衙，改恆王府司馬。嚴武以宗姓之故，軍府之事多以
　　　　委之。又歷試衞尉、太常少卿。嚴武卒，乃罷歸。」此處所提及嚴武為西川
　　　　節度使，推測其記載時間約為唐肅宗至德、乾元以後。出自（後晉）劉昫，《舊
　　　　唐書‧嚴雲傳》，卷117，頁3405。
〔註72〕（唐）長孫無忌，《唐律疏議‧賊盜律》卷20，「略人略賣人」（總292條），
　　　　頁369～370。
〔註73〕陳登武，《從人間世到幽冥界——唐代的法制、社會與國家》，頁58～61。關
　　　　於提出「訴狀」的討論，本書已有相關論證。
〔註74〕（唐）長孫無忌，《唐律疏議‧賊盜律》卷24，「告人罪皆須明注年月」（總
　　　　355條），頁444。

唐代所規定之「訴狀」形式，首先一定要寫明案件發生的時間，其次詳細陳訴案情經過，不得有任何疑惑之處。如有違法之行為，先笞五十。上述「嚴武盜妾」案，乃牽涉到竊盜罪等刑事問題，因此軍使當要寫明清楚，且不能有懷疑、不清楚的地方。

當軍使提出訴訟之後，官府即須發布緝捕令，以緝捕嚴武歸案，乃「詔遣萬年縣捕賊官專往捕捉」。此處「捕賊官」即萬年縣之縣尉，通常緝捕工作大多由官府之緝捕者為主，極少數會動用到縣尉一職，縣尉雖主管捕盜之事，但執行人員並不完全由其負責。而此處提到官府派遣縣尉執行，可見此案相當重要，因為涉及到軍使的法律訴訟案件，加上嚴武為中書侍郎嚴挺之子，故官府格外重視。另外，緝捕工作也有時間的壓力，根據唐代規定的緝捕工具，所選擇皆為壯馬，〔註75〕緝捕者執行任務時，既會使用馬匹，也會利用步行的方式，儘快趕到犯罪現場緝捕罪犯，故有「捕賊乘遞，日行數驛」的情形出現。之後縣尉發現了嚴武的蹤跡，循線追捕到所在之處。但嚴武卻趁機殺害軍使之妾，毀屍滅跡。關於毀壞屍體的部分，唐律規定：「諸殘害死屍，及棄屍水中者，各減鬥殺罪一等。」〔註76〕未殺人卻毀壞屍體者，其罪即減鬥毆罪一等，嚴懲毀壞屍體的行為。嚴武非但誘拐婦女，並行殺人之舉，且將屍體丟入水中，可謂罪上加罪，其刑責應當為死刑。但因嚴武密謀犯案，又毀屍滅跡，使緝捕者無法找到誘拐婦女的證據，因此嚴武在俗世的司法審判中，未能受到法律制裁。

從「嚴武盜妾」一案，可知緝捕者可能面臨蒐證不足，無法合理緝捕罪犯歸案的情形，此亦是司法上的一大漏洞。就法律的規定而言，證據是司法審判的重要依據，沒有人贓俱獲，也無法給予合理的判決。因此，萬年縣之捕賊官雖知嚴武有罪，且「搜捕嚴公之船，無跡乃已」，因證據不足，無法伸張正義，亦是本案無法破案的一大原因。面對罪犯毀滅證據的行為，一直都是司法人員在執法過程中，相當困難的地方，沒有合理的證據，就無法將罪犯緝捕歸案。雖然有完整的捕亡制度，但對於僥倖逃脫的罪犯而言，依舊無法填補這個法律漏洞。

〔註75〕 天一閣博物館‧中國社會科學院歷史研究所天聖令整理課題組，《天一閣藏明鈔本天聖令校證‧唐令復原研究》之復原唐捕亡令4，頁550。

〔註76〕 （唐）長孫無忌，《唐律疏議‧賊盜律》卷18，「殘害死屍」（總266條），頁343。

三、拘捕與盤問罪犯

　　唐代緝捕者主緝捕盜賊、罪犯、逃亡者，其中文獻所載大多爲捕盜賊之事。緝捕者根據當事人提出告訴，再依線索追捕罪人。此外，緝捕者也負擔了蒐證的工作，如面臨證據不足時，可能影響整個司法審判的結果。《太平廣記》記載相關緝捕工作與緝捕者的執行過程，尤其面對人贓俱獲時，也可執行相當的訊問工作。《太平廣記》引盧肇《逸史》「嚴安之」條：

> 天寶初，嚴安之爲萬年縣捕賊官。亭午，有中使黃衣乘馬，自門馳入。宣敕曰：「城南十里某公主墓，見被賊劫，宣使往捕之，不得漏失。」安之即領所由并器杖，往掩捕。見六七人，力穴地道，纔及埏路，一時擒獲。安之令求中使不得，因思之曰，賊方開冢，天子何以知之。至縣，乃盡召賊，訊其事。賊曰：「才開墓，即覺有異，自知必敗。至第一門，有盟器敕使數人，黃衣騎馬，内一人持鞭，狀如走勢，幞頭腳亦如風吹直豎，眉目已來，悉皆飛動，其即知必敗也。」安之即思前敕使狀貌，兩盟器敕使耳。〔註77〕

唐玄宗天寶初，嚴安之爲萬年縣的縣尉。〔註78〕此時發生有賊盜墓取財一事，正好有一位中書省之中使著黃衣乘馬發現，馬上向官府通報。關於通報的部分，《天聖・捕亡令》之復原唐令 2 規定：「諸有賊盜及被傷殺者，即告隨近官司、村坊、屯驛。」〔註79〕中使之舉符合唐代的司法訴訟制度。當官司獲得訊息後，會發布緝捕令，再交由緝捕者執行。此處乃由萬年縣尉嚴安之負責，因爲涉及到公主之墓，在當地是大事，故由縣尉負責帶領人員緝捕，並且「領所由并器杖，往掩捕。」緝捕者在追捕罪犯時，帶有相關武器，唐代稱此爲「器杖」，如唐律所言「持仗」，注云：「兵器、杵棒之屬」。〔註80〕爲

〔註77〕（宋）李昉，《太平廣記》引盧肇《逸史》，卷 390，〈塚墓二・嚴安之〉，頁 3114。

〔註78〕關於嚴安之的史書記載：「開元九年（721），有王鈞爲洛陽尉，十八年（730），有嚴安之爲河南丞，皆性毒虐，笞罰人畏其不死，皆杖訖不放起，須其腫憤，徐乃重杖之，懊血流地，苦楚欲死，鈞與安之始眉目喜暢，故人吏憚懼。」出自（後晉）劉昫，《舊唐書・酷吏傳下》，卷 186 下，頁 4857。嚴安之於開元十八年（730）擔任河南丞，而本案發生時間爲天寶初，嚴安之爲萬年縣尉，藉此推算應當合理。

〔註79〕天一閣博物館・中國社會科學院歷史研究所天聖令整理課題組，《天一閣藏明鈔本天聖令校證・唐令復原研究》之復原唐捕亡令2，頁 550。

〔註80〕（唐）長孫無忌，《唐律疏議・衛禁律》卷 7，「闌入宮殿門及上閣」（總 59條），頁 150。

了使緝捕過程能更加順利，以及保障緝捕者的生命安全，因此出任務時，會攜帶相關武器，以利緝捕的效能。另外，嚴安之前往緝捕時，乃使用「掩捕」的方式，〔註 81〕由此推測嚴安之先躲在某處，以等待時機緝捕盜賊。

經過掩捕的過程之後，嚴安之順利緝捕到六、七個盜賊，他們正在進行開墓的工作。嚴安之將盜賊交回縣府審理，在進行正式的司法審判之前，會先由緝捕者蒐集證據，包含人證、物證與口證等。在此，嚴安之以縣尉的身分，「乃盡召賊，訊其事」，縣尉可以執行盤問的工作。在前述案例中，也有包含盤問的部分，只是本案對於盤問的過程有詳細陳述，加上縣尉「訊其事」之行為，不得不重新審視唐代州縣衙司法審理的程序。依照唐代的規定，審理案件應當為州、縣令，縣尉負責管理緝捕的工作，但在本案裡卻發現縣尉可以盤問罪犯，則緝捕者是否有權審理案件，有待重新審視。《唐律疏議‧斷獄律》對於訊問一事規定：「諸應訊囚者，必先以情，審察辭理，反覆參驗；猶未能決，事須訊問者，立案同判，然後拷訊。違者，杖六十。」〔註 82〕就唐律規定，訊囚有一定的規則，唯有在未決之時，才須訊問，且所立之文書有法律效力。關於訊問的官吏亦有提到：「依獄官令：『察獄之官，先備五聽，又驗諸證信，事狀疑似，猶不首實者，然後拷掠』。」〔註 83〕並無嚴加規定縣尉不可行訊問之舉，故嚴安之對於盜賊「訊其事」並無觸法。由此可知，唐代的緝捕官吏在必要時也可有盤問罪犯的責任，但此處所涉及對象應當為縣尉即捕賊官，可協助縣令辦理司法案件。尤其是一般的縣府，大多只有一名縣尉，當縣令政務過多時，縣尉本來就具有審理案件的職責，但是一般的緝捕者並沒有盤問的權力，他們只有協助緝捕工作。最後，將盤問之後的結果記錄下來，可作為呈堂的證據之一。

由「嚴安之捕盜賊」一事，可知縣尉具有緝捕與盤問的權力。《折獄龜鑑》記載〈張鷟括字〉之案，唐代張鷟為河陽縣尉時，曾經審理過司法案件，文獻記載了他審理案件的過程：

> 有呂元者，偽作倉督馮忱書，盜糶官粟。忱不認，元堅執，久不能

〔註81〕 據《吏學指南》記載：「乘其不備，覆其巢穴，謂之掩捕。」出自（元）徐元瑞，《吏學指南》，〈捕亡〉，頁 108。

〔註82〕 （唐）長孫無忌，《唐律疏議‧斷獄律》卷 29，「訊囚察辭理」（總 476 條），頁 552。

〔註83〕 （唐）長孫無忌，《唐律疏議‧斷獄律》卷 29，「訊囚察辭理」（總 476 條），頁 552。

決。鸞乃取告牒，括兩頭，留一字，問元：「是汝書，即注云是；不是，即注云非。」元注云：「非。」去括，乃是元告牒，遂決五下。又取偽書，括字問之，元注云：「是。」去括，乃是偽作馮忱書也，元遂服罪。〔註84〕

由上述案件，可知縣尉張鸞審理偽造文書的司法案件，他運用了盤問、檢驗等方式，使罪犯認罪，在此亦可證明唐代縣尉在捕亡制度中的重要性。首先，執行官府所下達之緝捕令；其次，根據公文書內容，尋蹤追捕犯罪人；再者，將罪犯緝捕歸案，並於當場蒐集相關證據；最後，盤問罪犯，取得相關證據，以協助縣令辦案，有時直接審理案件，並執行法律的判決，如張鸞即為一例。另於《折獄龜鑑》之〈王璥推姦〉一案，〔註85〕也提到長安縣尉審理案件的過程；〈劉崇龜換刀〉亦載：「盜謂見擒，以刀劃之，逃去。……其家蹤跡，訟於公府。遣人追捕，械系考訊，具吐情實。」〔註86〕在法律文獻中皆顯示出當事人向官府提出訴訟，並藉由緝捕與盤問的工作，以獲得相關證據及罪犯，使案件的審理能更加順利。

藉由以上幾則法律個案的探討，可知捕亡制度並非只有維護社會秩序的功用，其中亦配合唐代司法制度的運作。首先，關於「蒐證與緝捕罪犯」部分，本文例舉「崔黯搜孥」和「魏昶搜宅」，探討緝捕者執行追捕罪犯與搜取證據的過程，其中可能涉及的行政程序與法律問題。其次，探討「蒐證不足，未能緝捕歸案」的部分，本文以「嚴武盜妾」一案，論述緝捕者在蒐證時可能面臨的困難，如果沒有充分的證據，法律依舊無法對於罪犯進行判決，也可看出緝捕者所擔負的重責大任。最後，討論「拘捕與盤問罪犯」等相關問題，例舉「嚴安之捕盜賊」、「張鸞括字」、「王璥推姦」、「劉崇龜換刀」等案件，說明捕亡制度之下的審問工作。緝捕組織除了具有追捕罪犯的職責外，身為縣尉一職，可能必須面對司法案件審理的問題，許多文獻資料都載有縣尉審案的紀錄，更見捕亡制度在司法審理過程的重要性。

〔註84〕　（宋）鄭克著、劉俊文譯注，《折獄龜鑑譯注》，卷3，〈辨誣·張鸞括字〉，頁128。

〔註85〕　（宋）鄭克著、劉俊文譯注，《折獄龜鑑譯注》，卷3，〈鞫情·王璥推姦〉，頁167。

〔註86〕　（宋）鄭克著、劉俊文譯注，《折獄龜鑑譯注》，卷1，〈釋冤上·劉崇龜換刀〉，頁47～48。

小　結

　　本章主要討論捕亡制度的行政程序與法律課題，主要分成三部分論述其概要，在進行緝捕的過程中，勢必有相關的行政流程，其中緝捕公文書是執法的重要一環，如果沒有獲得緝捕的命令，不可隨意捉拿罪犯，可知唐代在捕亡制度中所建立的組織性與系統化，每個行政環節都是緊密相關。另外，緝捕者在追捕過程中，也會遇到罪犯抵抗、傷害、逃亡等狀況，緝捕者亦須擔任行政責任，即使緝捕過程危機四伏，也要盡力完成緝捕工作，因為捕亡制度的目的就是維護良好的社會秩序，故緝捕者失職、瀆職必受到嚴懲。本章也透過實務面的法律個案，探討緝捕者執法的過程及法律落實的層面，在此都可看出捕亡制度對於司法的重要性與影響。唐代捕亡制度主要結合地方行政機構，並由相關單位執行緝捕與蒐證的工作，此正是司法審理的重要一環，因為緝捕罪犯、蒐證、勘查等事項，皆為司法案件審理之前，相當重要的事前工作。

　　如果沒有捕亡制度的存在，那司法審理制度就無法順利運作，甚而危害整體的社會秩序。中央對於地方的管理與統治，建立了戶籍制度、基層治安組織、相關警急措施，以及設置巡察使、按察使，有效控制基層社會的治安情況。從各層面看來，唐代社會與國家之間的聯繫，以及中央和地方權力之間的協調，都能妥善運用。〔註87〕唐代捕亡制度因結合地方官府的行政責任，本身帶有維護社會秩序的功用，另外也結合了司法制度的運行，才能使唐代中央有效地治理全國，以達到國家體制的全面運作，更見捕亡制度的重要性。

〔註87〕朱紹侯，《中國古代治安制度史》，頁369～371。

第四章　捕亡制度與社會秩序

　　本文所述之「捕亡制度」，乃唐代社會秩序維護之重要一環，藉由「捕亡」
的執法過程，以利國家治理與體制的運作。本章訂為「捕亡制度與社會秩序」，
主要總結前述之概念，深入了解捕亡制度對唐代的影響。從緝捕組織、對象、
執法過程、相關法律問題等多方面的探討，可知捕亡制度在法制史研究的重
要意義。「捕亡制度」是中央治理地方的重要媒介，中央將所規定之事項列入
法典，並藉由法律的力量貫徹政策的執行。在制定法條的歷史因素之下，並
非只是地方治安管理，實則是國家整體的運作模式，其中所涉及的面向，更
是大帝國重要的統治力量。在「捕亡制度」裡，對於緝捕對象的設定，主要
是為了配合國家政策的運作，如緝捕者對當地治安的影響、罪犯和逃亡者的
管理問題，以及官方執行追捕時對社會秩序的影響等。中央對於違法者非常
重視，為了維持安定的社會秩序與國家體制的運作，不論是緝捕者還是違法
者，本身都具有重要的關係。畢竟一國之安定與否，在於地方官府管理是否
得當，而首當其衝的檢視標準，正是「地方治安與社會秩序」的成效，因此
「捕亡制度」是中央與地方之間的連結，透過彼此間的聯繫與合作，以便達
到治理全國的目的。

　　本章主要透過唐律之規定，分析法律與國家體制的連結性，此為本章所
要探討的核心。既然牽涉到社會秩序與國家體制的討論，除了治安管理之外，
其中與國家政策密不可分。就此概念之論述，本章主要可分成三部分：首先，
「逃亡者與犯罪者的處置與管理」，當緝捕者傳喚或逮捕當事人之後，在面臨
司法審判之前，對於案件嫌疑人與證人的管理與處置，以避免逃亡者與犯罪
者另有其他違法之行為產生。其次，「緝捕者對當地治安的影響」，緝捕者主

要維護當地良好的治安與秩序，但其中難免有所不法者，仗勢身爲基層執法人員，濫權逮捕平民，造成擾民的現象。對此，緝捕者的社會形象與捕亡制度的落實息息相關，身爲執法人員又該如何約束與管理，亦是本節所要論述的部分。最後，「逃亡現象與捕亡制度」，從唐代逃亡問題延伸到政權的運作與穩定性，並從爲政者的角度分析逃亡現象的預防與相關措施，再配合君臣溝通關係與地方組織的行政效率，及捕亡制度對於逃亡現象的影響，以減低人民、軍兵逃亡的問題，使國家政權能更加穩定。在中央與地方的相互關係中，分析捕亡制度在社會秩序中所扮演的角色，它是正義的化身，更是國家政策的執行者。對於違反或破壞國家政策運作的狀況，則使用強制力或法律的力量懲處違法者，而「捕亡制度」正是管理違法者中極爲重要的執行力，以維護良好的社會秩序。

第一節　逃亡者與犯罪者的處置與管理

本節主要討論逃亡者與犯罪者經過緝捕之後，唐代對於這些違法者的處置與管理部分。「捕亡制度」的執行核心在於維護良好的社會秩序，因此對於違法者的處置，官方會運用法律力量與刑罰約束並嚴懲不法者，以保障國家全面性的治理。在此可分爲以下幾點論述：首先，關於違法者繫囚的部分，對於尚未經過司法裁決的違法者，官府的處理方式爲何？其中又該如何管理違法者，以約束社會大眾犯罪的情況？就其程序而言，大多先囚禁於監獄，再由司法單位應時推鞫，此處亦會討論到監獄與囚犯的管理問題，及可能涉及的法律層面。其次，經過司法判決之後的逃亡、犯罪者，可能會面臨笞、杖、徒、流、死等刑罰，並結合唐代律令之史料，說明唐代對於逃亡者與罪犯的處置。

一、繫囚管理與監獄制度

當緝捕者經過繁複的行政程序之後，順利緝捕到逃亡者或犯罪者時，大多先囚禁於監獄內，經過司法裁決之後再服刑，此又可稱爲「繫囚」，故「繫囚」與「監禁」的管理問題，在「捕亡制度」中就顯得相當重要。《唐律疏議‧斷獄律》規定：「諸鞫獄官，囚徒伴在他所者，聽移送先繫處併論之。」〔註1〕

〔註1〕 （唐）長孫無忌，《唐律疏議‧斷獄律》卷 29，「囚徒伴移送併論」（總 481 條），頁 556。

可見緝捕歸案的違法者，在尚未進行司法審判之前，會先置於「繫處」，也就是將違法者羈押各官府之監獄，以確保案件當事人沒有逃脫的機會。被緝捕之罪犯須戴上刑具，予以關押。至於「刑具」的部分，《天聖‧獄官令》之復原唐令42：「諸禁囚，死罪枷、杻，婦人及流以下去杻，其杖罪散禁。年八十以上、十歲以下及廢疾、懷孕、侏儒之類，雖犯死罪，亦散禁。」〔註2〕又《新唐書‧刑法志》載：「杻校鉗鎖皆有長短廣狹之制，量囚輕重用之。」〔註3〕從相關史料之記載，可知唐代對於囚犯的處置方式，除了監禁起來之外，並根據當事人犯罪之輕重，予以刑具之規範、大小，除了確保罪犯不能逃脫之外，另有懲戒罪犯的用意。

　　為了維護良好的社會秩序，官府會先將違法者囚於監獄，而監獄的功能於《舊唐書》云：「今夫國家行斧鉞之誅，設狴牢之禁以防盜者。」〔註4〕另於《唐律疏議‧斷獄律》亦言：「釋名云：『獄者，确也，以實囚情』。」〔註5〕「監獄」的功用在於「實囚情」，故「繫囚於獄」是緝捕者在緝捕過程中最後的一個程序，在司法審判前防止違法者再次脫逃，避免破壞國家與社會體制，此乃維護社會秩序的重要防線。此外，唐代對於罪犯的囚禁，也有時間上的限定，即司法審理的期限。關於司法單位送審的規定：「大理當其死坐，刑部處以流刑；一州斷以徒年，一縣將為杖罰。」〔註6〕對於不同單位的官府，賦予一定的司法權力，確立各行政階層之間的差異性。地方州縣大多只能處決徒刑以下的司法案件，如涉及死刑、流刑之罪，則須送至中央審理，若有疑獄的現象，也另有處理的方式，《新唐書》對此指出：

　　　　天下疑獄讞大理寺不能決，尚書省眾議之，錄可為法者送祕書省。

　　　　奏報不馳驛。經覆而決者，刑部歲以正月遣使巡覆，所至，閱獄囚

　　　　杻校、糧餉，治不如法者。〔註7〕

上述內容涉及司法審理的程序問題，另也包含獄囚的管理等相關規定，司法審理的進度，影響著囚犯的處置與國家治安的穩定，故官方格外重視審理的效率與囚犯的管理。為了減輕監獄的負擔及司法訴訟的壓力，唐代皇帝在赦

〔註2〕　天一閣博物館‧中國社會科學院歷史研究所天聖令整理課題組，《天一閣藏明鈔本天聖令校證‧唐令復原研究》之復原唐獄官令42，頁628。
〔註3〕　（宋）歐陽修，《新唐書‧刑法志》，卷56，頁1411。
〔註4〕　（後晉）劉昫，《舊唐書‧酷吏傳》，卷186上，頁4836。
〔註5〕　（唐）長孫無忌，《唐律疏議‧斷獄律》卷29，《疏》，頁545。
〔註6〕　（唐）長孫無忌，《唐律疏議‧名例律》，卷1，《疏》，頁3。
〔註7〕　（宋）歐陽修，《新唐書‧刑法志》，卷56，頁1411。

文中，也會強調赦免罪犯或要求官司盡速審案的詔書。如唐文宗大和四年（830）即下詔曰：「近者時雨稍乏，憂懷載深，慮有留獄，致傷和氣。應京城諸司見禁囚徒，宜令御史臺選清強御史二人，各就司疏決處分，具輕重以聞。」〔註8〕唐武宗會昌四年十二月（845）亦下詔曰：「郊禮日近，獄囚數多，案款已成，多有翻覆。其兩京天下州府見繫囚，已結正及兩度翻案伏款者，並令先事結斷訖申。」〔註9〕由此可見，唐代中央方面強調結案的速度與效率，畢竟獄囚人數多寡影響國家社稷，故盡快結案可降低國家犯罪的情況。

唐代相當重視監獄的管理，尤其是「獄囚」的處理與管制方面，除了規定囚犯不可隨意逃脫，掌管的官司也不能隨意處理囚犯，藉以限制官吏濫權的情形，因此也相當重視獄囚的狀況，《新唐書・刑法志》：「諸獄之長官，五日一慮囚。夏置漿飲，月一沐之；疾病給醫藥，重者釋械，其家一人入侍，職事散官三品以上，婦女子孫二人入侍。」〔註10〕官府相關執法人員要定時檢視獄囚狀況，並提供相關的服務，可見唐代在獄政管理部分相當有組織，也在法律條文或令文中嚴加規定。

在管理囚犯方面，執法人員若有違法行為，也會有刑罰的懲處。若未於期限內將囚犯送至配所，依照唐律規定：「諸徒、流應送配所，而稽留不送者，一日笞三十，三日加一等；過杖一百，十日加一等，罪止徒二年。」〔註11〕從這條法規可看出執法人員應當具有的職責，若稽留不送囚犯，使刑罰的執行受到影響，無法嚴懲囚犯，致法律效力不張。此條亦限定了官吏趁機濫用權力，或隨意縱放囚犯等事。若沒有嚴加管理執法的官吏，則司法審判之制定也失去了意義，故唐律對於官吏犯罪與失職部分格外重視，並運用嚴法約束官吏的行為。若是囚犯應當服役，卻沒有按規定行使，對此唐律規定：「諸領徒應役而不役，及徒囚病愈不計日令陪役者，過三日笞三十，三日加一等；過杖一百，十日加一等，罪止徒二年。」〔註12〕此條規定與前述雷同，在於執法官吏的行政責任，以及確立囚犯管理的規則，不論是執法人員或囚犯，

〔註8〕（宋）王欽若等撰，《冊府元龜・帝王部》，卷151，〈慎罰・文宗・令御史疏決繫囚詔〉，頁1827-1。

〔註9〕（後晉）劉昫，《舊唐書・武宗紀》，卷18上，頁602。

〔註10〕（宋）歐陽修，《新唐書・刑法志》，卷56，頁1410。

〔註11〕（唐）長孫無忌，《唐律疏議・斷獄律》卷30，「徒流送配稽留」（總492條），頁569。

〔註12〕（唐）長孫無忌，《唐律疏議・斷獄律》卷30，「領徒因應役而不役」（總500條），頁574。

都不可有越法之舉，否則將會處刑，可看出唐代徒刑與流刑之囚犯的處置方式與組織的管理。

從這些監獄的管理方面，可知唐代在緝捕罪犯之後，所設置的相關措施，其中「監獄」的設置，根據囚犯狀況，予以不同的待遇，並配合其他方式，防止囚犯脫逃。對於囚犯有意脫逃或協助脫逃者，唐律有嚴格的規定：

> 諸以金刃及他物，可以自殺及解脫，而與囚者，杖一百；若囚以故逃亡及自傷、傷人者，徒一年；自殺、殺人者，徒二年；若囚本犯流罪以上，因得逃亡，雖無傷殺，亦準此。即囚因逃亡，未斷之間，能自捕得及他人捕得，若囚自首及已死，各減一等。即子孫以可解脫之物與祖父母、父母，部曲、奴婢與主者，罪亦同。〔註13〕

關於本條律文規定，乃指因囚禁監獄與戴刑具之情況下，使囚犯不能有脫逃的機會。在司法審判尚未確定之情況，可能因其家屬、朋友等人之協助，使其脫逃或自殺，則協助者根據罪犯逃脫後之行為，處以不同之刑罰。唐律規定，只要協助囚犯者，皆先處「杖一百」。但也有減刑的規定，即「未斷之間，能自捕得及他人捕得，若囚自首及已死，各減一等。」雖有捕獲逃亡囚犯，但協助者依舊有罪在身，畢竟囚犯若趁機脫逃，可能致使司法審理受到阻礙，且有害當地秩序與治安的管理。在脫逃的過程中，更可能出現傷害獄卒、獄吏或旁人等狀況，可謂罪上加罪，因此法律嚴加規定不可有協助囚犯逃亡的狀況。若是官司方面縱其脫逃者，則可參考《唐律疏議・捕亡律》之相關記載，因涉及公職人員失職之過，所處之刑罰與常人不同。

至於協助死罪囚犯脫逃，則涉及的刑罰更重。畢竟處以死刑者，大多為嚴重的司法案件，如殺人、盜賊、涉及十惡罪等，違法且破壞社會秩序，故交由官司審理，處以死刑之重罪。若縱放死罪囚犯，唐律規定：

> 諸縱死罪囚，令其逃亡，後還捕得及囚已身死，若自首，應減死罪者，其獲囚及死首之處，即須遣使速報應減之所，有驛處發驛報之。若稽留使不得減者，以入人罪故、失論減一等。〔註14〕

此處所言之「縱放」，為相關官司單位故意令囚犯逃亡，並非前條「協助囚犯

〔註13〕　（唐）長孫無忌，《唐律疏議・斷獄律》卷29，「與囚金刃解脫」（總470條），頁546。

〔註14〕　（唐）長孫無忌，《唐律疏議・斷獄律》卷30，「縱死囚後捕得稽留不報」（總501條），頁574。

脫逃者」。因爲官司的縱放，嚴重破壞司法審理制度，也危害國家體制之運作，更是行政官吏嚴重的失職行爲。根據《唐律疏議・捕亡律》之規定，縱放者與罪人同罪，〔註15〕縱放死囚者，理當處以死刑，故其刑責相當嚴苛。若是「稽留」死囚之處決則規定：「故稽遲，從故入上減一等，流三千里；若失稽遲，從失入罪上減一等，總減罪人四等，徒二年。」〔註16〕對於囚犯管理的部分，此條與「主司不覺失囚」條相互配合，〔註17〕可見縱放囚犯罪刑之重，藉此嚴加約束所屬官司對於囚犯的管理，並控管地方司法審理的效率。

　　透過對於唐代繫囚與監獄管理的探討，可知捕亡制度與司法審判制度之間的連結性，爲了有效控制與審問案件當事人，故將所緝捕之對象先置於監獄，待司法審判結束之後，再根據其刑責服刑。此外，繫囚管理實質上也涉及到社會秩序的維護，爲了防止罪犯再次脫逃，擾亂治安、破壞國家體制，不論是暫時性的繫囚，或是長期的監禁服刑，都是爲了維護良好的社會秩序，以確保人民的生命、財產安全。

二、司法審判的處置

　　關於逃亡者與犯罪者的最後處置，即「服刑」。但在此之前，得須經過司法審判程序，待官司根據案情之分析，處以一定的刑罰。唐代刑罰可分成笞、杖、徒、流、死，又稱爲「五刑」。根據《唐律疏議・捕亡律》對於緝捕對象之規定，大多以逃亡之囚犯、軍兵、逃戶、官吏爲主。至於一般犯罪者、官吏犯罪、十惡罪、軍兵犯罪等，因所涉及之刑度過多，且身分複雜，在此不另加論述。本文主要以「捕亡律」中所規定之緝捕對象爲論述主體，並切合「捕亡制度」之逃亡者的部分。關於唐代逃亡者的分類，筆者分成軍兵人員、逃亡戶口、一般犯罪人、官員等五種身分，此處論述內容可配合本文第二章「緝捕對象的探討」，有較爲詳細的介紹。在此主要透過逃亡者的刑責，說明司法審判的處決標準，主要乃依犯罪行爲之情節處刑。就其相關法律規定，可參考（表二）：

〔註15〕 （唐）長孫無忌，《唐律疏議・捕亡律》卷28，「主司不覺失囚」（總466條），頁539。

〔註16〕 （唐）長孫無忌，《唐律疏議・斷獄律》卷30，「縱死囚後捕得稽留不報」（總501條），頁575。

〔註17〕 （唐）長孫無忌，《唐律疏議・捕亡律》卷28，「主司不覺失囚」（總466條），頁538～539。

（表二）唐代逃亡者的刑責

身分		逃亡行為	刑罰規定	法條出處
軍兵人員	軍人（衛士、募人）	·從軍逃亡罪 1. 戰場逃亡者 2. 臨對寇賊而亡 3. 軍將凱還而先歸者 4. 主司故縱	1. 一日徒一年／十五日絞 2. 斬 3. 各減五等 4. 與逃亡者同罪	《唐律疏議·捕亡律》「從軍征討亡」總457條
	防人	期限未滿而亡者	一日杖八十 三日加一等	《唐律疏議·捕亡律》「防人向防及在防亡」總458條
	宿衛人	1. 在直（值）而亡 2. 從駕行而亡	1. 一日杖一百／二日加一等 2. 加一等	《唐律疏議·捕亡律》「宿衛人亡」總460條
逃亡戶口	丁夫、雜役	1. 逃避徭役而亡 ·全戶亡者 ·有軍名而亡（加一等） ·無課役及非全戶亡（減二等）／女戶亡者（減三等） 2. 主司不覺 3. 主司故縱	1. 一日笞三十／十日加一等／罪止徒三年 2. 一人笞二十／五人加一等／罪止杖一百 3. 與逃亡者同罪／不知情不坐	《唐律疏議·捕亡律》「丁夫雜役亡」總461條
	浮浪他所者（亡戶）	非避事而亡，滯留、遊蕩外地	·十日笞十／二十日加一等／罪止杖一百 ·營求資財、學宦勿論	《唐律疏議·捕亡律》「浮浪他所」總462條
	官戶、奴婢	1. 官戶、奴婢逃亡 2. 主司不覺、故縱（準盜論）	1. 一日杖六十／三日加一等 2. 一口笞三十／五口加一等／罪止杖一百	《唐律疏議·捕亡律》「官戶奴婢亡」總463條
一般犯罪人	流徒、囚役	1. 刑期未滿而亡 2. 主司不覺、故縱	1. 一日笞四十／三日加一等。過杖一百／五日加一等 2. 減囚罪三等（官司又減三等）／罪止杖一百	《唐律疏議·捕亡律》「流徒囚役限內亡」總459條
	盜賊、殺傷人者	·行強盜、竊盜、殺人、傷人之行為	凡有盜賊及被傷殺者，即告隨近官司、村坊、屯驛。聞告之處，率隨近軍人及夫，從發處追捕。	《唐律疏議·捕亡律》「鄰里被強盜不救助」總456條

官員	官員	・棄官逃亡罪 1. 在官無故而亡 2. 邊要之官亡	1. 一日笞五十／三日加 　一等／過杖一百／五 　日加一等 2. 加一等	《唐律疏議・捕亡 律》「在官無故亡」 總 464 條

　　從（表二）可看出唐代對於逃亡者的司法處置，主要會根據不同的身分等級、逃亡情節等，據其事理處以相對的刑責，配合「笞、杖、徒、流、死」之五刑。其中亦涉及到官府方面的失職行為，如有主司故縱或不覺之情形，也會有司法上的裁決。刑罰有其威嚇性，並可約束人民犯罪、逃亡的情形，透過以下幾點分析逃亡者的刑責與相對關係。就逃亡日數而言，逃亡一日者，大多處以笞或杖，藉此懲戒違法者，但不會涉及到徒以上的罪刑。若是超過規定的日數，則處以加一等之刑責，以加刑的方式約束逃亡者。就逃亡身分而言，刑罰最重者為軍兵人員，因關乎國防安全的問題，逃兵一日則徒一年，較一般逃亡行為更重，以嚴懲的方式約束軍兵逃亡狀況。最輕者為「非避事而亡，滯留、遊蕩外地」的亡戶，因未於戶籍所在地，故亦屬「逃亡者」，但非避事而至外地，本身沒有危害國家政策之運行，故所造成的影響較輕，所受之刑責也最為輕微。就官府人員失職而言，因所治理之處有逃亡者，代表管制不周，造成地方秩序的混亂，主司理當受罰，此即官吏失職之過。所包含之對象為州縣長官、里正、坊正、鄉正、村正等，他們具有統理戶籍、分配徭役、徵稅等職責，如有亡戶出現，勢必破壞國家財政、徵役之運作。此外，盜賊出現與囚犯逃亡，對當地治安有嚴重的影響，故唐代對於失職的官吏，會根據其行為處刑。

　　唐代是身分等級劃分森嚴的時代，若為逃亡戶口、逃避徭役及奴婢賤民的逃亡，則國家難以完全掌控全國人民的動向與狀態，甚至嚴重影響社會秩序的維持。從「逃亡者刑責」之例，可知唐代司法裁決的處置方式，從「五刑」之規則與標準，放諸於社會上的不法者，藉此懲戒社會大眾。當緝捕者將罪犯逮捕之後，先置於獄中待審，此乃暫時性的處置。唯有經過官府的司法審判之後，才算罪犯的處置結果。光是只有法規訂定，本身並無任何作用，唯有經過審決及執行刑罰之後，才能使法律具有效力，並產生作用力。因此，捕亡制度唯有配合司法審判與執行刑罰的程序，才能顯現其威嚇性與執行效力，否則光靠逮捕罪犯之職責，在司法制度上卻沒有尚加處置或管理，則容易忽略了捕亡制度對於社會秩序的重要性。

第二節　緝捕與地方治安

本節內容主要討論唐代緝捕者在執行任務時，對於當地人民生活與治安的影響。其中可能涉及到正面與負面兩種狀況。就正面影響而言，緝捕者善盡職責，努力緝捕罪犯，使當地治安能更加穩定，所有違法者都能繩之以法，建構良好的社會秩序。就負面影響而言，緝捕者可能因濫權與考績壓力的關係，隨意拘捕無辜的百姓，或是在執行任務的過程中，使用不當的方式緝捕罪犯，造成擾民的現象。因此，捕亡制度的存在乃有其利弊，對當地的管理產生重大的影響。本節主要從緝捕一事，探討緝捕者與當地人民的互動關係，並藉此分析捕亡制度對當地社會秩序所產生的影響。

一、社會秩序之維護與落實

唐代捕亡制度之建立，實質上是為了維護國家政權之運作與良好的社會秩序，而緝捕者正是此制度主要的執行者，更是地方管理與司法制度的連接者。因此，國家社會秩序的維護與穩定，捕亡制度扮演著重要角色，緝捕者對當地的影響為何？中央對緝捕工作的態度又為何？皆為本文所要論述的部分。關於唐代的緝捕工作，大多由最基層的縣尉負責管理，故縣尉的態度與執行的效能，在在影響著整個社會秩序的發展。關於緝捕者在治安管理部分，於前已有論述其相關職責與工作內容，藉由緝捕罪犯與逃亡者，使基層的治安與社會安全受到一定的保障。《唐語林》記載關於緝捕者對當地治安維護的影響：

> 劉桂州栖楚為京兆尹，號令嚴明，誅罰不避權勢。先是京城惡少及屠沽商販多繫名諸軍，干犯府縣法令有罪即逃入軍中，無由追捕。劉公為尹，一皆窮治。有匿軍中名目，自稱百姓者，罪之。坊市姦偷宿猾屏迹。〔註18〕

唐敬宗時期寶曆年間，劉栖楚為京兆尹時，〔註19〕曾處理過地方豪強之事，其中涉及地方軍兵人員的問題，其來源多因「干犯府縣法令有罪即逃入軍中」，因此追捕工作受到極大限制。劉栖楚不畏強權，「有匿軍中名目，自稱

〔註18〕（宋）王讜著、周勛初校證，《唐語林校證》卷一，〈政事上〉，頁73。

〔註19〕相關記載：「劉栖楚，出於寒微。為吏鎮州，王承宗甚奇之。……遷起居郎，至諫議。俄又宣授刑部侍郎，丞郎宣授，未之有也。改京兆尹，摧抑豪右，甚有鉤距，人多比之於西漢趙廣漢者。後恃權寵，常以詞氣凌宰相韋處厚，遂出為桂州觀察使。逾年，卒於任，時大和元年（827）九月。」推測為唐敬宗寶曆年間任官京兆尹，而後又任桂州觀察使，故此處言「劉桂州栖楚」。據（後晉）劉昫，《舊唐書·劉栖楚》卷154，頁4106～4107。

百姓者，罪之。」京城內的治安與秩序受到良好的管理與控制，大部分的不肖之徒，經由地方官府的努力之下，完成緝捕的工作，形成「坊市姦偷宿猾屏迹」的佳績。

地方軍事力量之擴大問題，甚至會影響到緝捕工作與司法審案的進度，唯有透過地方官吏的仗義執言與不畏強權的態度，才能有效管理社會秩序的問題。類似劉栖楚之情形，《舊唐書·許孟容傳》也有相關記載：

> （元和四年九月）神策吏李昱假貸長安富人錢八千貫，滿三歲不償。孟容遣吏收捕械繫，剋日命還之，曰：「不及期當死。」自興元已後，禁軍有功，又中貴之尤有渥恩者，方得護軍，故軍士日益縱橫，府縣不能制。孟容剛正不懼，以法繩之，一軍盡驚，冤訴於上。立命中使宣旨，令送本軍，孟容繫之不遣。中使再至，乃執奏曰：「臣誠知不奉詔當誅，然臣職司轂轂，合為陛下彈抑豪強。錢未盡輸，昱不可得。」上以其守正，許之。自此豪右斂迹，威望大震。〔註20〕

唐憲宗元和四年（809），許孟容任京兆尹時，神策軍李昱向人借錢，卻遲至三年未還。依照唐律規定：「諸負債違契不償，一疋以上，違二十日笞二十，二十日加一等，罪止杖六十；三十疋，加二等；百疋，又加三等。各令備償。」〔註21〕既然李昱違法，欠錢不還，理當經過司法審理。在審案之前，本就該先拘捕於獄中，史料言：「孟容遣吏收捕械繫」，即前述之「繫囚」，故京兆尹許孟容拘捕李昱歸案，實屬合理。但此時神策軍為宦官所掌，其勢力龐大，下令將李昱交由神策軍依軍法處理。但許孟容仍舊態度堅決，並對此有言：「臣誠知不奉詔當誅，然臣職司轂轂，合為陛下彈抑豪強」，堅持進行司法審理的程序。許孟容懲治違法之惡勢力，受到皇帝嘉許，也得到世人的稱道。就以上兩則許孟容與劉栖楚之實例，可知唐代緝捕工作多少可能受到地方勢力之影響，尤其是唐中後期以後，地方藩鎮勢力漸大，甚至連中央神策軍的勢力亦漸趨影響，軍事力量凌駕於地方官司，造成社會秩序的破壞。倘若有像劉栖楚或許孟容這類官人，仗義執言、勇敢無懼，那麼對於地方的管理肯定有良好的影響，更會受到百姓與後人的讚美。故一國之安定與否，地方官吏佔

〔註20〕　（後晉）劉昫，《舊唐書·許孟容傳》，卷154，頁4102。此實例亦載於（宋）王溥，《唐會要》卷67，〈京兆尹〉，頁1187。《唐會要》對此案有記載為「元和四年（809）九月」發生。

〔註21〕　（唐）長孫無忌，《唐律疏議·雜律》卷26，「負債違契不償」（總398條），頁485。

有重要的地位，他們是執法者，更是人民心中的「父母官」，若能有效發揮司法力量，用心治理當地治安與維護秩序，勢必能獲得人民的擁戴。

以上所述為地方官對於當地治安的影響，至於中央方面對於地方的治理亦相當重視。相關的行政詔令，實則要求地方官府加緊管理與緝捕違法之徒。唐武宗時期對於社會秩序之維護部分，亦曾下令地方官府嚴加控管，《唐會要》有相關記載：

> 會昌三年（843）五月，京兆府奏。兩坊市閒行不事家業，黥刺身上，屠宰豬狗，酗酒鬪打，及儻構關節，下脫錢物，撝蒱賭錢人等。伏乞今後如有犯者，許臣追捉。若是百姓，當時處置。如屬諸軍諸使禁司，奏聞，從之。〔註22〕

官方下令對於地方上的惡徒須嚴加管理，其中包含「黥刺身上」、「酗酒鬪打」、「詐騙錢財」之類，即使是軍兵等相關官員，即「諸軍諸使禁司」，若有違法情事發生，地方官吏也不可有所容忍，都要當場拘捕歸案，交由地方官府審理。若為百姓犯錯，則當場處置。在此，也可看出中央對於社會秩序的重視，其重責大任全權交由緝捕者執行，藉由權力的下放，不畏任何豪強勢力，以逮捕社會上的不法者。此外，關於維護當地秩序之管理，緝捕者也可能面臨皇室或貴族的擾政問題，因特權的關係，處處刁難地方官府的執政效率。唐宣宗大中五年（851），緝捕者甚至對於皇室的特權也能有所管理與控制，如〈禁公主家邑司擅行文牒〉載：

> 應公主家有莊宅邸店，宜依百姓例差役征課，如邑司擅行文牒隱庇，兼藏匿要人，便委諸軍諸使及府縣當時捕捉，收禁聞奏。其邑司官吏及印，本緣徵封須行文牒，今即便因他事，攪撓府縣。自今以後，除徵封外，如緣公事，並令邑司申宗正寺，寺司與酌量公事行牒，其邑司並不得擅行文牒。〔註23〕

就上述內容而言，即使是皇室宗親所管理之有關單位，如莊宅邸店等，若有徵稅課役之情形，也不能藉此濫用特權，擅自行文州縣官府，要求地方官府隱庇。如有發生任何違法之事，皇帝對此甚至下令：「委諸軍諸使及府縣當時捕捉，收禁聞奏」，可見當時皇室濫行特權，造成地方官府難以控管。唯有皇帝下令嚴加管理，才能使這樣的問題獲得解決，否則牽動到皇室之人，可能

〔註22〕 （宋）王溥，《唐會要》，卷 67，〈京兆尹〉，頁 1188。
〔註23〕 （宋）王欽若等撰，《冊府元龜・帝王部》，卷 141，〈抑外戚・宣宗・禁公主家邑司擅行文牒〉，頁 1713-2。

觸及「大不敬」之罪，任何地方官吏豈敢反抗，阻礙緝捕的程序。此外，從本段史料之敘述，可知唐代面對社會上有所違法滋事份子時，除了州縣等地方官府負責管理與司法制裁之外，諸軍諸使也可以執行政令。根據史料所述，此時期爲唐代後期，各地藩鎮割據嚴重，地方勢力已漸漸形成，中央只能依靠各地方官府與軍事力量管理違法者。但不可否認的是，緝捕工作仍舊進行中，不會因地方勢力崛起而受阻，捕亡制度依然發揮著作用，繼續維護社會秩序與懲治不法者。

　　唐代捕亡制度對社會秩序有一定的影響力，其配合緝捕組織與人員，並依照中央頒布之律令、詔令，執行相關的行政緝捕程序。在緝捕者的努力之下，必定能使地方治安更加完善，人民也能受到保障。但並非所有違法之事，緝捕組織皆能妥善處理，仍舊需要在穩定的社會背景之下，緝捕者才能全力掌握不法者。就如宋代張景於〈河南縣尉廳壁記〉提及：「縣尉能禦盜，而不能使民不爲盜。盜賊息，非尉之能。盜賊繁，過不在乎尉矣。」又言：「故曰能與過，不在乎尉，在時政之得失爾。……惟盜是禦者，尉之職也。」〔註24〕張景於文中說出身爲緝捕官吏的辛苦之處，他們最多只能防禦盜賊的出現，但無法全面控制盜賊的數量。若社會秩序是安定無虞的，人民皆能安居樂業，豈有違法之徒？緝捕工作也不用如此費心，因此才會提到「縣尉禦盜」之說。捕亡制度的確能加強地方治安與社會秩序的管理，但卻是「治標不治本」，就如〈河南縣尉廳壁記〉提到縣尉效力有限，唯有人民皆能守法、生活無虞，才能建構真正良好的環境。社會秩序之維護與穩定，並不只是地方官府方面的責任，須配合中央政策之執行與百姓之間的合作與守法，才能使「捕亡制度」的存在發揮作用力。

二、擾民與貪污的現象

　　緝捕者本身是司法正義的化身，在緝捕的過程中，難免有所困難與危險，對於工作的難度增加不少，甚至在地方形成一股特殊的勢力。若爲正義的緝捕者，則逮捕違法犯罪者，本屬天經地義之事。若爲不法的緝捕者，趁機擾民、濫捕或緝捕不力，則非但不能使地方秩序獲得良好控制，反而有更加惡化的現象。至於緝捕官吏違法的問題，除了緝捕過程可能遇到的法律問題之外，也會涉及到地方管理層面的問題。如緝捕者貪污，僞造證據；或濫捕無辜百姓；隨意侵入民宅搜捕等惡行。由此可知，在唐代的緝捕者之中，亦包

〔註24〕　（清）董誥，《全唐文》，卷397，張景，〈河南縣尉廳壁記〉，頁4055-1～4055-2。

含不法的執法人員。首先，關於地方官府緝捕不力的問題，亦有相關史料記載，〈爲京兆尹捉賊既獲謝恩表〉：

> 臣亡兄某，頃於興平縣界遇賊劫死。臣辱司京尹，職在肅清，不能屏息姦回，乃令害及骨肉，既負曠官之責，仍積私門之恨。此賊漏網，臣亦何顏。……頻降德音，容臣追捕。又恐事端皆知巢穴，緣是行營官健，未敢懸有追擒，計會往來，遂淹旬日。以今月某日，於某縣界捉獲所射臣兄賊某軍行官某并同伴若干人，此乃天意除害，轅門奉法。〔註25〕

上述案例爲唐代宗時期（762～779）的韋元甫，〔註26〕時任京兆尹之職，逢其兄於所管轄之興平縣附近，遭賊所劫殺，自己身爲京兆尹，卻不能善盡職責，追捕罪犯不力，因此韋元甫向皇帝上表，願擔當緝捕不力之過。經過多日的計畫與埋伏，順利將盜賊緝捕歸案。從這個案例看來，緝捕者亦有失職的過錯，尤其在緝捕效率部分不夠積極。雖然唐代規定緝捕者必須在案發三十日內，完成緝捕工作，但因韋元甫身爲京兆尹，加上兄爲盜賊所殺，追捕罪犯一事首爲要職。緝捕官吏若無盡力追捕，可能面臨行政失職的懲處，嚴重者還須處以法律責任。雖然法律嚴加規定，但在實際執行層面上，卻仍有缺失。加上此案例涉及軍兵問題或地方軍鎮勢力，如史料所載，罪犯身分爲「某軍行官某并同伴若干人」，因此也可能造成地方緝捕者不敢輕舉妄動，或難以緝捕歸案的情形。

　　其次，關於緝捕官吏貪污之事。因爲緝捕者握有案件之相關人證、物證，若心有所貪，受人錢財，故作假證或僞造不實案情，皆有嚴重觸法的危機。《折獄龜鑑》記載相關貪污、受贓的案例：

> 唐韋皋，鎮劍南。有逆旅，停止大賈，貲貨萬計，因病毒之，十隱七八，遂以致富。皋知其事，未及發覺。復以北客蘇延病死報於府。延，太原人，商販蜀川。使驗其簿，已被換易。尋究經過，辭多異同。遂敕店主與同店者立承欺隱，凡數千緡，諸胥分受者二十餘人，悉以付法。由是劍南客免橫死。〔註27〕

唐德宗時期韋皋任劍南節度使，〔註28〕查獲胥吏收賄，並協助僞證之案。有

〔註25〕　（宋）李昉，《文苑英華》，卷590，〈公卿雜謝三‧爲京兆尹捉賊既獲謝恩表〉，頁3059-1。
〔註26〕　（後晉）劉昫，《舊唐書‧韋元甫傳》，卷115，頁3376。
〔註27〕　（宋）鄭克著、劉俊文譯注，《折獄龜鑑譯注》，卷6，〈覈姦‧韋皋驗簿〉，頁317。
〔註28〕　貞元元年（785），拜檢校戶部尚書，兼成都尹、御史大夫、劍南西川節度使，

商人住旅店時，離奇死亡。韋臯雖查遍所有證據，仍一無所獲。最後才發現真實的證據被掉包，且店主等人還將「數千緡，諸胥分受者二十餘人」。基層執法人員應當知法守法，豈可濫用權力，還收取賄賂，製造假證據，使案情不能水落石出。此處「諸胥」，乃指相關緝捕人員。於本文第三章有相關論述，緝捕者本身除了拘捕罪犯之外，亦包含在案發之處蒐集證物。但因查辦人員受到店主的賄賂，涉及失職之過，以及收賄之罪，就唐律規定而言，其刑罰相當嚴厲。按《唐律疏議・職制律》「監主受財枉法」條規定：「諸監臨主司受財而枉法者，一尺杖一百，一疋加一等，十五疋絞；不枉法者，一尺杖九十，二疋加一等，三十疋加役流。無祿者，各減一等：枉法者二十疋絞，不枉法者四十疋加役流。」〔註29〕據本案之胥吏受贓部分，因收賄而使當事人偽造假證，造成「枉法」現象，重者可處以死刑，但必須得知受贓數目，才能依照數量科刑。就本案內容而言，並未說明胥吏受贓所處的刑責，只提到「悉以付法」。畢竟韋臯仍依法處理，不論是罪犯，或是收賄的執法人員，全部按照法律規定處置，也能趁此澄清吏治。在宋代也有類似官吏收賄之事，《折獄龜鑑》另有記載：「張式郎中知壽州，民有縊其妻而以自殺告者，吏受賕實之，式窮詰立服，人稱其明。」〔註30〕由此可知，緝捕者在逮捕罪犯與蒐證之時，須注意自己的身分，既屬公職人員，又是基層執法人員，凡事皆要小心為妙，盡量避免與罪犯之間有金錢往來或賄賂，否則不但牽涉到行政責任，更會受到法律嚴厲的制裁。

再者，緝捕工作所造成的擾民現象。如史料記載唐宣宗時期緝捕工作所帶來的問題：「吏緣為奸，紀律乖訛，刑法踰濫，重繫者因循不省，逮捕者追擾滋多，或征賦不均，或徵科無算。」〔註31〕就〈捕亡律〉之規定，凡有逃避兵役、徭役、納稅之現象即是「逃亡者」，緝捕者須立即將其追捕歸案，並交由司法單位審理。在這樣的規定之下，勢必造成人民的不便，故有「逮捕

代張延賞。」治蜀凡二十餘年。出自（後晉）劉昫，《舊唐書・韋臯傳》，卷140，頁3822。

〔註29〕 （唐）長孫無忌，《唐律疏議・職制律》卷21，「監主受財枉法」（總138條），頁220～221。

〔註30〕 （宋）鄭克著、劉俊文譯注，《折獄龜鑑譯注》，卷6，〈覈姦・張式窮詰〉，頁323。

〔註31〕 （宋）李昉，《文苑英華》，卷436，〈翰林制詔十七・德音三・賑恤江淮百姓德音〉，頁2209-1。

者追擾滋多」的情形出現。另外，亦有可能是不肖的緝捕者，故意仗勢欺負百姓。如唐代宗時期（762～779），有緝捕者賈明觀，「尤凶蠹，以屢置大獄，家產巨萬」。〔註32〕又言：「本萬年縣捕賊小胥，事劉希暹，恃魚朝恩之勢，恣行兇忍，毒甚豺虺」。〔註33〕仗著宦官魚朝恩的勢力，大肆擾民，行為相當惡劣。賈明觀因受宦官的保護，雖然人民極度痛恨，萬民聚城於外，欲用石頭將他砸死，但仍舊無法完成，待路嗣恭任觀察使後，才將賈明觀依法處死，獲得人民的稱許。〔註34〕就賈明觀之案例，可看出唐代緝捕者不法之舉，可能受到某勢力之影響，隨意擾民甚至傷民，唯有透過國家法律的約束力，以及地方官吏的行政清明，才能減低這樣的社會問題。

除了緝捕不力之情形外，亦有可能在緝捕程序上出現問題，為了加強緝捕行政程序的運作，以及地方組織之間的協調，官方對此另有相關措施。《唐會要》記載唐憲宗元和年間，崔元略所提出之奏書：

> （元和）十三年（818）正月，京兆少尹知府事崔元略奏。諸司諸軍諸使，追府縣人吏所由，及百姓等，比來府縣除賊盜外，所有推勘公事相關者，皆行公牒。近日多不行文牒，率自擒捉，禁繫之後，府縣方知。其中人吏所由，亦有姦猾，為無憑據，妄生推枉，又難辨明，其百姓等聽被追捕，緣無公牒，多加恐動，致有逃匿。今後望降勅旨，應請諸軍諸使要追府縣人吏百姓等，非盜賊外，並令行移文牒，所冀官曹免相侵擾，從之。〔註35〕

按照唐代緝捕工作，本來就有一定的行政程序，「所有推勘公事相關者，皆行公牒」，即發布緝捕令。為了提高緝捕的效率，可能必須在案發現場立即緝捕罪犯，以利執行公務。然而，崔元略之奏書內容，卻發生緝捕者並未按照行政程序，隨意逮捕人民。甚至有頑劣的緝捕者，「為無憑據，妄生推枉，又難辨明，其百姓等聽被追捕」，可見緝捕工作所帶來的擾民與恐懼，百姓可謂敢怒不敢言。因此，地方官上言中央，要求改變這樣的惡習。依照崔元略的說法，擾民現象在地方是存在的。但筆者在蒐集史料時，發現唐代中後期關於緝捕工作所造成之擾民現象較多，唐初與盛唐時期之文獻紀錄較少，可推測唐代中期以後，受到安史之亂的影響，中央政權受到嚴重的破壞，致使地方

〔註32〕　（後晉）劉昫，《舊唐書・賈明觀傳》，卷184，頁4765。
〔註33〕　（後晉）劉昫，《舊唐書・魏少遊傳》，卷115，頁3377。
〔註34〕　（後晉）劉昫，《舊唐書・賈明觀傳》，卷184，頁4765～4766。
〔註35〕　（宋）王溥，《唐會要》，卷67，〈京兆尹〉，頁1187。

官府在緝捕工作中，遇到相當多的問題，其中也多有涉及軍兵介入的現象，更見地方軍鎮力量的影響。

關於緝捕者擾民的問題，中央也有相關規定，唐玄宗開元二十年（732）曾頒布〈戒州縣擾民敕〉：

> 如聞輦轂之下，政令猶煩，或廣修器物，將有供侍，或差斂人戶，以充庖費，豈副朕薄賦輕徭息人減費之意？其雒陽令韋紹，縣尉顏思賓，輒有科率，擬備祇供，雖事未行，終是專擅，宜貶出。河南尹孟溫禮，雖不覺察，狀異知情，宜特寬捨。自今已後，府縣宜洗心懲革，不得更然。其或不悛，仍有勞擾，仰百姓即詣匭使，具狀奏聞，輒不得稽壅。所犯之人，當有處分。〔註36〕

為了避免州縣官府人員擾民，對於不法的官吏皆會懲處，如雒陽令韋紹、縣尉顏思賓，都因為官不力，「輒有科率，擬備祇供」，受貶職的懲罰。河南尹孟溫禮，身為主司不覺屬下有過，亦屬失職，從寬處罰，也可看出中央方面希望地方的組織能更完善，重整州縣內部運作。最後皇帝提出，若有州縣官府擾民之現象，「仰百姓即詣匭使，〔註37〕具狀奏聞」，鼓勵臣民向匭使投訴，再經匭使交由皇帝處理，盡量能揭發不法官吏，並予以處分。唐玄宗開元十一年（723）有相關記載，就玄宗貶王同慶贛縣尉一事而言，「務存節儉，先有處分，不許煩勞。王同慶違法擾人，借斂無紀，望鄉科被，率戶出鞋，屏風花盤，計盈數百，徵求既廣，般運又勞。」〔註38〕因此，緝捕者或是地方官吏有所不法，或隨意騷擾百姓，皆可能受到行政與刑事方面的處罰，將惡吏繩之以法，藉此維護良好的社會秩序。唐武宗會昌四年（844），也有官員上奏〈請禁止奸欺奏〉：

> 擒盜賊并鬭行鬭毆人等，被奸惡所由與府縣人吏同情欺罔，因緣卜

〔註36〕（宋）王欽若等撰，《冊府元龜‧帝王部》，卷158，〈誡勵三‧玄宗‧戒州縣擾民敕〉，頁1908-1。

〔註37〕關於匭使，唐代設有「匭使院」，知匭使一人。知匭使掌申天下之冤滯，以達萬人之情狀。立匭之制，一房四面，各以方色。東曰「延恩」，懷材抱器，希於聞達者投之；南曰「招諫」，匡正補過，裨於政理者投之；西曰「申冤」，懷冤負屈，無辜受刑者投之；北曰「通玄」，獻賦作頌，論以大道及涉于玄象者投之。其匭出以辰前，入以未後。（出自《唐六典》，卷9，〈中書省集賢院史館匭使〉，頁282）。

〔註38〕（宋）王欽若等撰，《冊府元龜‧令長部》，卷707，〈黜責‧玄宗‧貶王同慶贛縣尉敕〉，頁8414-2。

射，求取恣爲，不顧典刑，隱藏怨犯。臣見今推鞫，須立條科，應
府縣所由，輒因事取錢，及恐嚇平人，遣重囚典引坊市人户，推問
得實，贓至十貫以上者，從今後伏請集眾決殺。十貫以下者，即量
情科斷。如捕賊所由捉搦賊贓至五十貫，請賞三十貫文。如贓至一
百貫以上，取本贓一半以上充賞。庶賞罰必行，奸欺止息。〔註39〕

爲了防止地方官吏司法不公，詐騙取財，隨意欺壓百姓等，官員上奏希望中
央能重視這個部分。如有收賄者，並依其錢數處刑，十貫以上即爲死刑，按
唐代規定受賄十五疋以上即死刑，此爲官吏執法過程中應當注意的問題。從
以上兩則關於遏止地方官吏不法行爲，不論是皇帝或官員，都曾嚴厲屬下令管
制，整頓官吏內部之清廉與守法。捕亡制度之下的緝捕機構與人員，亦屬地
方州縣的一部分，須嚴加控管不法的緝捕者，避免擾民現象的產生，或阻礙
司法案件的審理，以保障人民的安全與國家政權的運作。

　　綜合以上所述內容，可看出捕亡制度對於國家與社會秩序的影響，雖說
有正、反兩面的現象，不論是穩定社會秩序，或是擾民、貪污現象，中央也
曾重視這些問題。對於守法清廉的緝捕官吏，國家會給予嘉許，並受到人民
的稱頌，以維護良好的道德社會。若爲不法的緝捕官吏，除了會受到民眾的
撻伐之外，中央方面也會嚴加管理，並採用嚴法懲處不肖的執法人員，保障
百姓的生活品質與生命財產安全，也可有利於國家體制的運作。爲了維護社
會秩序，捕亡制度下的緝捕對象，不論是緝捕者或罪犯，其中若有違法的犯
罪行爲，皆應當由司法裁決，並不會因其公職人員之身分，有免刑或濫權的
權力。捕亡制度不單只有負責一般人民的違法行爲，其中也包含官吏的違法
行爲。若身爲緝捕者卻知法犯法，更是國家與社會所共同撻伐的對象。捕亡
制度建立了緝捕者在當地的形象與影響力，它與社會秩序息息相關，緝捕者
本身違法，濫權殘害人民，實爲唐代捕亡制度之下，必須嚴懲的對象。

第三節　逃亡現象與捕亡制度

　　唐代的捕亡制度深深影響到社會秩序的穩定性，一國之強盛與否在於政
權的穩定與秩序的安定，因此「逃亡現象」似乎也說明了國家政權的興亡。
捕亡制度雖然可以控制逃亡、犯罪的現象，但並不能眞正有效控管整個中央

〔註39〕（宋）王欽若等撰，《冊府元龜・刑法部》，卷613，〈定律令五・武宗・請禁
　　　　止奸欺奏〉，頁7356-1。

體制的運作，它只能算是一個基層的組織制度，主要乃負責執行中央的命令，以達到維護良好社會秩序的基本原則。從本章的第一節與第二節裡，對於犯罪者和逃亡者的相關處置，以及緝捕者對於當地治安的影響等，皆有詳細地論述其概況。但這些只是制度本身之表面所能看到的現象，其內在因素的影響仍在於國家政權的掌握程度，以及捕亡制度對於司法落實的層面與成效。以下論述主要以逃亡現象與捕亡制度為主軸，比照兩者之關係，分析捕亡制度在國家體制之運作上的影響。

就中國歷史發展的脈絡而言，「逃亡現象」通常會被當作是國家穩定性的標準，尤其在許多文人、政治家的言論或是上奏內容，常可看到相關的時事評論，對於人民、軍兵、犯罪者的逃亡現象多會有所論述與批評，亦希望藉著這樣的不良現象，讓執政者能有重新檢討的機會。從先秦、秦漢、魏晉南北朝、隋朝各時期看來，政治清明的時候，其逃亡現象較為少見，但在政治渾沌的時代，卻存在著逃亡現象所帶來的危險性，捕亡制度雖能短暫控制逃亡問題，卻無法確保長期的安定生活。因此，漢代董仲舒藉由「尊卑昏亂，百姓散亡」的概念，〔註40〕說明透過為政者的賢明以穩定社會，百姓才能有安居樂業的生活。除了政治問題之外，亦會間接影響到社會、軍事國防、法律執行等問題，在此皆會不斷出現「逃亡現象」，此正是國政不穩與政策制度不當所造成的社會問題。我們或許能看到朝代興替的主要現象之一，即是「逃亡現象」的問題，此承載著國家政權的穩定與興亡，更是一個國家即將敗亡的重要跡象、社會指標。

各朝對於「逃亡現象」皆有提出相關的看法，其中最具代表性的就是與國家政權的關聯，一國之政若無法明確、賢明，必定會造成社會秩序的敗壞，國家基磐受到嚴重打擊，嚴重者甚至亡國。因此，各朝君臣對於逃亡現象的預防與減低措施中，皆希望能善加處理，使國家政權能更加穩定，而這樣的想法與觀點也延續到唐代。關於唐代的逃亡問題，相關前人研究已有所討論，如陳國燦〈武周長安年間的括戶運動〉、〔註41〕唐長孺〈關於武則天統治末年的浮逃戶〉等，〔註42〕皆有提到關於唐高宗、武后時期的逃亡現象。另外，《唐會要》也有專文論述「逃戶」的問題，可看出逃亡現象對於社會秩序與財政

〔註40〕（漢）班固，《漢書‧董仲舒傳》（臺北：鼎文書局，1986），卷56，頁2509。

〔註41〕陳國燦，〈武周長安年間的括戶運動〉，收入氏著《唐代的經濟社會》，頁50～72。

〔註42〕唐長孺，〈關於武則天統治末年的浮逃戶〉，《歷史研究》（1961）第6期。

收入的影響力。然而，前輩學者也多以逃亡現象與社會經濟之間的關係探討為主，另外也有關注於唐代的政策內容與相關解決辦法，對於「捕亡制度」的研究與結合較為少見，也甚少從法制史的角度論析逃亡現象與捕亡制度的關聯性。筆者於此主要透過唐代捕亡制度的執行與落實層面，討論逃亡現象的預防與成效，從法制史的觀點重新審視其間的歷史意義與相關課題。

　　關於唐代的逃亡現象，可從社會、軍事、法律等三個面向作探討。首先，就社會層面而言，唐代建國初期結合均田制與租庸調，落實戶籍管理與財政稅收的制度，此時尚處政治清明之時，雖有逃戶、逃兵之情形，但史料中對此的記載並不多見，捕亡制度的執行層面，可能多為緝捕犯罪人為主，至於逃亡人口的管理與追捕則較為少見。唐高宗、武后時期，其逃兵、逃戶現象漸增，如證聖元年（695）鳳閣舍人李嶠上奏曰：「今天下之人，流散非一，或違背軍鎮，或因緣逐糧，苟免歲時，偷避徭役，此等浮衣寓食，積歲淹年。」〔註43〕李嶠所言之對象，確有包含軍鎮之人與避役人民，此外《唐會要》關於逃戶的論述也以證聖元年開始記載，更見武后時期逃亡現象增加的問題。對此，李嶠認為「宜令御史督察檢校，設禁令以防之，垂恩德以撫之，施權衡以御之，為制限以一之，然後逃亡可還，浮寓可絕。」〔註44〕此處所提及「設禁令以防之」，正是符合捕亡制度的落實，唯有配合緝捕工作與法令規定，才能降低逃亡的現象，於《唐律疏議‧捕亡律》「丁夫雜匠亡」（總461條）即有規定人民不可避役、逃稅，否則會受到法律的制裁。另外，光有嚴厲的執法工作與法規，無法遏止逃亡的問題，也須善用恩威並施之策，才能達成為政目的。在此可看出唐代捕亡制度主要結合國家體制之運作，其中包含財政收入與服勞役的職責等。

　　對於唐代逃戶的現象，除了捕亡制度的配合之外，也須由皇帝下詔嚴禁逃亡或是另有其他政策，以解決逃亡問題。關於中央控制地方政治、社會方面，唐睿宗復位後為了加強地方官府的管理，下詔曰：「諸州百姓，多有逃亡，良由州縣長官，撫字失所，或住居側近，虛作逃在他州，橫徵鄰保，逃人田宅，因被賊賣。宜令州縣，招攜復業，其逃人田宅，不得輒容賣買。」〔註45〕地方官府須控管逃亡者的田宅，並妥善處理流民問題，中央主要將「逃亡現象」交由地方官吏處理，從地方勢力著手，穩定各方局勢，以利國家體制的

〔註43〕　（宋）王溥，《唐會要》，卷85，〈逃戶〉，頁1560～1561。
〔註44〕　（宋）王溥，《唐會要》，卷85，〈逃戶〉，頁1560～1561。
〔註45〕　（宋）宋敏求，《唐大詔令集》，卷110，〈睿宗‧誡勵風俗敕四道〉，頁523。

運作。另外，唐玄宗開元九年（721）對此頒布〈禁逃亡詔〉，〔註 46〕此詔書說明了捕亡制度對於逃亡問題的重要性，緝捕人員勢必盡力捕捉逃亡者，以達到皇帝「禁逃亡詔」的法律效力，可看出國家面臨逃亡現象的處理方式，會隨其政權之穩定性而改變。

　　以上所述狀況爲政權尙處穩定之時，若中央下令撤查、執行，地方官府當然聽命從事。但深究唐代的逃亡問題，並非只有中央政權穩定性的影響力，亦可從其財政賦役制度與社會經濟轉變的過程與協調作探討。關於中國的財政賦役制度而言，自春秋戰國以來發展的統治原理，主要爲「個別人身支配」，〔註 47〕也就是透過「編戶齊民」進行人身支配的統治型態。但這種統治型態，適用於「小國寡民」，不適用於大一統帝國型態，因而容易產生逃亡問題。西晉改以「戶」爲單位進行課稅，試圖改變長期以來個別人身統治的弊端，一直到兩稅法建立，證實了以人頭稅爲統治基礎的失敗。租庸調法的前提是「人必土著」，否則該制度勢必就會崩潰。在租庸調法制度的設計下，府兵制、均田制到賦稅制度，其基本問題是人民負擔太重，而授田又不足，因而造成嚴重「逃亡」問題。〔註 48〕唐德宗以後，推行兩稅法之財政制度，放棄了租庸調的「本籍主義」，改以「戶」爲單位之財產申報賦稅，此乃統治原理的巨大轉變。另外，在逃亡問題與財政改革，唐代在貞觀、開元年間即已出現逃亡問題，但卻無法有效控制局面，朝中大臣對此也沒有提出適當的解決方案，可能因衝擊到關隴集團的既得利益，故在財政賦役的制度上無法有效改革，以確立適合當時的社會經濟狀況，致使唐代逃亡現象的存在甚久，進而影響到一國的興亡。〔註 49〕

〔註 46〕　（宋）王欽若等撰，《冊府元龜・帝王部》，卷 63，〈發號令二・玄宗・禁逃亡詔〉，頁 708-2。

〔註 47〕　（日）西嶋定生，《中國古代帝國の形と構造》，東京：東京大學出版社，1980。武尙清翻譯，《中國古代帝國的形成與結構：二十等爵制研究》，北京：中華書局，2004。

〔註 48〕　關於唐代財政賦役與後期社會經濟之崩潰，及相關逃亡問題。可參看李劍農，《魏晉南北朝隋唐經濟史稿》（臺北：華世出版社，1981），頁 257〜317。（日）堀敏一，《均田制研究》，臺北：弘文館出版社，1986。鞠清遠，《唐代財政史》，臺北：食貨出版社，1978。陳明光，《中國古代納稅與應役》，臺北：臺灣商務印書館，1999。凍國棟，《唐代人口問題研究》，武昌：武漢大學出版社，1993。翁俊雄，《唐代人口與區域經濟》，臺北：新文豐，1999。

〔註 49〕　以上關於唐代逃亡問題的探討，感謝臺灣大學名譽教授高明士先生給予指導，提供珍貴意見。

就唐代的財政賦役制度而言，因其制度本身不合時宜，中央在政策的改革上無法完全解決戶口與賦役的問題，雖已行「兩稅法」取代「租庸調」，但逃亡問題仍舊存在，尤其是在政權不穩定的狀況之下，人民負擔沈重，中央控制力量有限，逃亡現象更爲複雜且難以處理。唐僖宗廣明元年（880）對於當時的逃亡問題曾下詔曰：

> 近日東南州府，頻奏草賊結連。本是平人，迫於饑饉，驅之爲盜，情不願爲。委所在長吏子細曉諭，如自首歸降，保非詐僞，便須撫納，不要勘問。如未倒戈，即登時剪撲。東南州府遭賊之處，農桑失業，耕種不時。就中廣州、荊南、湖南，盜賊留駐，人戶逃亡，傷夷最甚，自廣明已前諸色稅賦，宜令十分減四。其河中府、太原府遭賊寇掠處，亦宜準此。〔註50〕

上述情形涉及社會經濟的問題，唐僖宗已屬唐末時期，政權漸趨腐敗不堪，加上宦官干政，整體的政治與經濟效益也漸漸衰落。政權不穩導致生產效益降低，人民生活困苦自然淪爲盜賊，成爲嚴重的社會問題，間接影響到經濟與財政的不足，因而造成「盜賊留駐，人戶逃亡，傷夷最甚」。爲了減低逃亡的現象，唐代中央藉由改革政令，減低東南州府的賦稅，穩定當地的社會經濟發展，但畢竟成效有限，最終更引發黃巢之亂，更造成唐代滅亡的主要導火線。由此觀之，捕亡制度雖能盡量控制逃亡的問題，但畢竟是治標不治本，尤其從唐代整個歷史發展脈絡而言，初期政治穩定，各項制度之運作皆算良好，捕亡制度之功用與成效也較爲明顯。至唐代中期、後期，尤以安史之亂後，其政局漸受影響，逃戶現象增多，雖然緝捕者依法追捕逃亡者，但逃亡人口一旦增多，其成效必定有所降低，甚至會變成擾民問題的產生，捕亡制度的落實受到打擊，只能控制表面所造成的逃亡現象，至於國家體制運作所帶來的負面影響，緝捕組織與人員是無法完全掌控，此正是捕亡制度於唐代後期執行上的困難性。

其次，就軍事國防而言，亦可能造成逃兵的問題。如唐太宗時期的褚遂良反對派兵戍守高昌一事，因爲此處偏遠行兵不易，亦有逃兵之事出現，對此有言：「所遣之內，復有逃亡，官司捕捉，爲國生事。高昌途路，沙磧千里，冬風冰冽，夏風如焚，行人去來，遇之多死。」〔註51〕對於逃兵現象，勢必動員

〔註50〕　（後晉）劉昫，《舊唐書·僖宗本紀》，卷19下，頁705。
〔註51〕　（後晉）劉昫，《舊唐書·褚遂良傳》，卷80，頁2736。

緝捕人員，派遣「官司捕捉」，此處符合《唐律疏議‧捕亡律》「從軍征討亡」（總457條）、「防人向防及在防亡」（總458條），在此乃因配合府兵制度與國防安全之考量，故須交由緝捕單位負責，正是捕亡制度所要配合的國家體制之一。然而，面對國防安全與逃兵問題，就如褚遂良所言，反而造成官府的負擔，尤以緝捕過程的艱難與死傷現象，可看出捕亡制度執行上的困難性，會隨其時空特色與多重因素，使捕亡制度的成效有所限制。另於萬歲通天年間（696～697），契丹寇陷冀州，河北震動，狄仁傑為魏州刺史，百姓西戍疏勒等四鎮，為調配國防軍力，極為凋弊，他對此上書曰：「方今關東饑饉，蜀、漢逃亡，江、淮以南，徵求不息。人不復業，則相率為盜，本根一搖，憂患不淺。其所以然者，皆為遠戍方外，以竭中國，爭蠻貊不毛之地，乖子養蒼生之道也。」〔註52〕關東為防契丹入侵，時常調派兵員防守，造成當地的社會問題。類似的問題在魏晉時期也時常出現，尤其是面對外敵入侵或政局不穩定的狀況，國家政權的號召與穩定必須藉由國防武力向外宣稱國勢強盛，但大量調派人民充當軍兵防守邊境，卻帶來擾民的問題，甚至破壞當地的經濟生產，為政者亦須注意人民從軍的後果，否則會使國家局勢受到影響。在此可看出逃亡軍兵的問題，其根本在於國家政策的執行，緝捕逃兵雖是捕亡制度的一環，但是其主要影響力在於中央的決策，唯有良好的政策與捕亡制度的相互配合之下，才能使逃兵現象有所降低，此正是朝臣上奏皇帝的重點，否則「相率為盜」，破壞良好的社會秩序，對於捕亡制度而言更是一種負擔。

另外，對於逃兵的處罰也相當嚴厲，唐高宗總章年間（668～670）有敕：「征邊遼軍人逃亡限內不首及更有逃亡者，身並處斬，家口沒官。」就其法律規定，任何逃兵皆處斬，無故死失者多註明為「逃兵」，致使家人依緣坐法沒官，造成諸州囚禁人數甚多，軍兵眷屬無辜受罰。太子李弘對此向唐高宗諫言：「伏願逃亡之家，免其配沒。」高宗遂行太子之言。〔註53〕處罰逃兵者，本屬法律的規定，不可隨意更改，但法必須有理，若過於嚴苛，則無辜百姓遭殃，引起民怨與不滿，那麼勢必影響一國之運作，因此太子李弘才會有此建議，減低國家對於百姓的嚴刑峻罰，凡事皆須考慮整體的國政運作，這樣才能有穩定的政權，以減低逃亡兵役的問題。

最後，關於捕亡制度在緝捕的成效方面，不論是盜賊數量之多寡，或是

〔註52〕 （後晉）劉昫，《舊唐書‧狄仁傑傳》，卷89，頁2889～2890。
〔註53〕 （後晉）劉昫，《舊唐書‧孝敬皇帝弘》，卷86，頁2829。

逃亡現象之增加，緝捕工作都具有其困難性與危險性，唐代捕亡制度主要配合唐律，執行緝捕工作，以維持良好的社會秩序。其中乃涉及到國家體制運作的重心，如須配合府兵制之軍兵逃亡問題、均田制與租庸調之避役而亡者、官吏組織與行政管理等，捕亡制度所延伸之處，皆為唐代重要政策的核心，更牽涉到國防安全、財稅服役、犯罪人之司法審判程序等，更看出捕亡制度的重要性。唐代捕亡制度於執行的成效方面是有所收穫，此處於本文已有論述，而這樣的成效即使到五代依舊保有其效力。

後唐廢帝時期（934～936）為了因應緝捕工作能更有效率，另置巡司協助追捕，但此組織卻有所弊端。馬勝對此上奏曰：「諸州置捕賊巡務，比來以備警巡，近者卻被為非人詐為巡司，劫盜閭里，既難辨認，為惡滋深，乞一切去除此務。凡盜賊出於百姓，其原出於屠牛賭博飲酒，不務營生，請下諸州府巡屬，普令沙汰此色之人，嚴刑條法，則無盜矣，何必別置巡司。」〔註54〕馬勝所言乃認為國家社會秩序的管理，應注重法律落實與其效力，並不須另置巡司增派人力管制當地治安。馬勝在捕亡制度方面亦提到：「州縣鄉村有力戶，於衙府投名服事，如有差役，祇配貧戶。臣請州縣節級立定人數，其餘令歸田里，即不困貧民。」〔註55〕此處「力戶」為協助州縣緝捕工作的人員，可見馬勝對於捕亡制度的組織方面，認為州縣負責緝捕即可，畢竟地方官府擁有較完善的戶籍資料，並帶有司法效力，因此交由州縣管理與執行較為適當。從後唐資料裡，可看出捕亡制度對於社會秩序的影響力，國家也相當重視此組織，甚至加派人員來協助，由此推測唐代捕亡制度之重要性與成效，畢竟此制度本帶有司法效力與維護社會秩序之精神，唯有透過基層管理，才能控制整個國家體制的運作。

綜合上述，史書中對於逃亡現象的記載，大多會涉及到政治、軍事、社會層面，一國的穩定在於國家政策的執行，好的政策使社會秩序更加穩定；反觀不合時宜的政策，非但無法繼續維持政權，且必定走向滅亡之路。從先前各朝代到唐代的逃亡現象中，的確看出這些問題，此與國家政權密切相關。如何建立堅固的政權與良好的組織運作，一直是各朝努力的地方，許多朝中大臣與君王，無不思考「逃亡現象」的問題。捕亡制度是國家基本的行政機

〔註54〕 （宋）王欽若等撰，《冊府元龜·諫諍部》，卷533，〈諫諍部十一·規諫十〉，
　　　　 頁 6379-1。
〔註55〕 （宋）王欽若等撰，《冊府元龜·諫諍部》，卷533，〈諫諍部十一·規諫十〉，
　　　　 頁 6379-1。

構，透過立法原則與地方官府的結合，可減低逃亡現象的發生，然而治標不治本，並無法完全根治社會上所發生的逃亡問題。其根本原因主要在於爲政者的治理策略，在良好完備的體制之下，唯有透過良好的君臣溝通管道，及適時聯繫地方官府的行政效率，才能建立穩固的政權與安定的社會。

小　結

　　本章主要探討捕亡制度對於社會秩序的影響，其中涉及到對於逃亡犯罪者的處置、緝捕者對當地的影響及逃亡現象與國家政權的關係，分別可從「戶籍與財政」、「國防安全」、「行政官吏的管理」等多方面的觀察，分析捕亡制度與國家體制運作的關係。從犯罪逃亡者的小層面到國家政權的大層面，每一個環節都與捕亡制度密切相關。首先，對於罪犯的管理與處置，雖然只是少數個體的影響，但無法將罪犯善加管理，則會漸漸影響到整體治安與社會秩序的維護，因此在罪犯進行司法審判之前，執法者必須做好萬全的準備和管理，以利於整個司法訴訟的進行。追捕罪犯歸案，其主要目的就是使罪犯受到法律的制裁，在斷案前每個基層執法者要注意自身的行政責任，若造成嫌疑犯或是已服刑之罪犯脫逃，則相關司法單位都須負擔責任，且逃亡罪犯更會受到法律嚴屬的處置。

　　此外，緝捕者雖是當地治安的維護者，但個人品行與行政效率相當重要，若無法對當地有正面的作用，會受到人民的唾棄，在治安的管理上也留下不好的紀錄，因此緝捕者與當地人民的互動與協調，在捕亡制度中相當重要，亦是地方治理的重要指標。最後，逃亡現象與捕亡制度的問題，捕亡制度是國家治安與社會秩序的管理基礎，每個基層組織與人員，都須盡本分、各司其職，從地方基層做起，才能穩定整個國家體制的運作，甚至影響到國家的興亡。因爲地方的社會問題，會延伸出嚴重的政治危機，尤其從「逃亡現象」的分析中，可以明顯看出中央與地方政策執行上的契合度。雖然捕亡制度只能控制表面的逃亡現象，但此制度的存在更是維繫中央與地方的重要橋樑，實爲不可忽略的基層組織。

結　論

　　國家社會秩序的維護與安定，捕亡制度扮演重要角色。本文之所以將「捕
亡」設定爲一制度，乃因唐代皆有捕亡律令的存在，且司法訴訟中時常出現
緝捕罪人的內容，但目前學界對此卻無另作深入、廣泛之研究。前人研究裡，
多見學者分析《捕亡律》之法條內容，其著重點爲律文中的法律意識，與此
規定下之情況分析，並未擴展法條之外的歷史意義，較少有全面性的討論與
研究成果。對於「捕亡」之組織概況、執行效力與社會秩序之影響等，目前
並未有專文作深入探討，且多散落於各處研究成果。但從許多前人研究與唐
代文獻中，可知一個完整之司法訴訟制度，確有捕亡制度之存在，故筆者於
本文將「捕亡」設定爲一個完整的制度。

　　筆者透過律令及相關法律文獻，分析唐代的捕亡制度，其中所涉及的對
象爲緝捕者、逃亡者與犯罪者，再透過各項史料的分析，討論兩者之間身分
的界定與法律問題，探究捕亡制度與社會秩序的聯繫性與影響。從基層行政
組織的角度觀察，可發現唐代中央與地方的連結關係，若再更深入的分析，
更可看出逃亡現象對於國家政權穩定性的影響，逃亡現象是社會秩序的指
標，它反映了中央政權與地方官府的運作狀態，以及爲政者的治國策略。捕
亡制度雖只是基層的行政組織，卻控管了中央對於全國的治理，以維護良好
的社會秩序。

　　本文就唐代捕亡制度而言，可分成四大面向討論。第一，捕亡制度的建
立與組織，探討此制度的組織概況與工作執掌。第二，緝捕對象的探討，界
定犯罪者與逃亡者的身分關係，以及國家政權運作的影響。第三，緝捕程序
與法律規定，討論緝捕者在追捕過程中可能面臨的狀況，以及所涉及的法律
課題。第四，捕亡制度與社會秩序的關係，如罪人的處置、緝捕者的角色、

國家政權的影響等，此制度之建立影響國家整體的運作，與社會秩序的維繫密切相關。

　　首先，就捕亡制度的組織而言。唐代的緝捕機構主要結合司法制度，更是司法訴訟過程的一環，且主要執行人員多為地方基層官吏，由縣尉負責帶領緝捕者執行任務。司法制度的落實，除了執法官員之外，另一重要的角色莫過於官員身邊的吏人及緝捕者，他們具備捉拿逃犯的重要職責，亦是中央維持社會秩序的重要環節之一。在《唐律》中稱這些緝捕者為「捕者」或「捕罪人」，另有鄉正、里正、坊正、村正等基層行政人員協助緝捕工作，甚至交由軍人負責追捕罪人。至於「緝捕」一職的程序，先由當事人向官府提出訴訟案件之後，官府會根據其案件內容進行初步審核，蒐羅相關人證、物證、嫌疑人等，透過官府及鄉里所提供的資訊，派遣緝捕者進行追捕工作。此一完整的行政程序，更於唐代吐魯番出土文書中略見一二。

　　至於緝捕者的規範，因涉及到罪犯再次逃亡的可能性，危害到整個國家體制及社會秩序的運作，基層人員若有失職之過或是故意縱犯的行為，可藉由法律的方式規範緝捕者的追捕工作，故中央在制定法規時，特別強調緝捕者所應當負起的責任，具有其法律的約束力。此外，為了讓捕亡制度能有效運作，中央依據行政區劃分不同的組織架構，並配有相關的負責單位，再藉由法規約束不法的緝捕者，每個層級都是環環相扣。唐代捕亡制度的建立與組織，從各種行政、法律層面看來，實屬相當完善，不論是地方行政組織與司法的結合，或是追捕盜賊的人員等，都可看出唐代捕亡制度的系統化與組織性。

　　其次，就緝捕對象而言。捕亡制度之主要關係人可分為緝捕者與緝捕對象。緝捕者本身負責執行任務，將官府所交代的工作於限期內完成。至於緝捕對象，從《唐律疏議・捕亡律》規定，可分為官員無故逃亡、軍兵人員逃亡、一般犯罪人、逃亡戶口、賤民的逃亡等五種身分者，乃因「逃亡」行為危害國家體制運作，就法律制定規範看來，理當有所約束與管理。軍兵逃亡有害國防安全，戶口逃亡有礙國家財政收入，賤民逃亡破壞身分階級的社會，官員逃亡會導致行政組織無法順利運作，犯罪人逃亡對社會秩序產生嚴重的影響。以上所述之狀況皆為違法行為，須交由司法審判作適當的處置，唐代法律根據不同的身分階級，對於緝捕對象的追捕與處置也有所差異，可看出唐代法律之制定是全面性的，每個身分階級都有詳細的規定與管理條例。

　　若就緝捕對象之性質而言，可分爲犯罪者與逃亡者兩種，此二者皆屬於罪犯。犯罪者爲一般犯罪行爲，他們本身已具有法律刑責的身分，不論是否有逃亡的現象，緝捕者都須立即追捕罪人，並移送司法單位審理。逃亡者分爲「避役而亡」和「犯罪而亡」兩種，「避役而亡」者雖本身無刑事犯罪行爲，但已有逃亡之舉，危害國家體制的運作，並破壞整個社會秩序的適當性，故亦屬違法行爲，理當交由緝捕者負責追回。「犯罪而亡」者非但具有法律刑責，且又行逃亡之舉，更是罪上加罪。緝捕者的主要工作就是負責維護社會秩序與國家政權的穩定，從緝捕對象的探討，可知只要有違反國家體制運作者，皆屬於違法行爲，不論爲哪類的人民逃亡，如良民、賤民、軍兵、官員等，在役而亡，或無故而亡，皆須處以刑罰。若爲「犯罪而亡」者，其罪更重，不但破壞社會秩序，也間接影響到全國司法制度的執行，更見捕亡制度在唐代的重要性。

　　再者，就緝捕過程與法律規定而言。第一部分爲緝捕的行政程序，探討唐代緝捕者對於逃亡者和犯罪者的拘捕與管理，可分爲發布緝捕令、執行緝捕工作、移送官司三個步驟，結合司法訴訟制度以完成整個行政程序。第二部分爲緝捕過程的法律問題，如緝捕者違法行事，未捕捉罪人，或在緝捕過程中的爭鬥與衝突，以上皆爲緝捕者與罪人彼此關係的探討，並涉及到緝捕者違法與本身安全性的問題，所關注面向有緝捕者逗留不行之失職行爲、罪犯拒捕的狀況、旁人須協助緝捕工作、洩漏機密或容隱故縱之過等。第三部分爲法律個案的探討，即在逮捕過程中，緝捕者與罪犯之間的法律問題與責任，以及分析地方官處理緝捕者與罪犯之間的法律課題，並可看出地方司法的行政效力。

　　在實務面個案探討的部分，主要透過唐代吐魯番出土文書和法律個案爲研究對象，此舉爲前人研究中較爲少見的部分，運用實際案例作分析，並結合法條規定，重新審視緝捕過程的內容與相關法律問題。從以上多種面向分析，可更加清楚唐代對於「捕亡制度」的立法旨意，以及此兩者身分於捕亡制度中的法律問題。律令的執行實屬中央與地方效力施行的重要指標，從眾多史料中雖可得到一些相關實例，但仍有所不足。畢竟法條制定雖固定，但執法者則可依情理審理、判刑，也就是有其彈性的一面，但不可否認的是，從律令的角度探討捕亡制度，可釐清法律對社會秩序的影響，並可延伸到唐代對於基層執法人員及罪犯逃亡者的管理之相關措施與法規。

　　最後，就捕亡制度與社會秩序而言。主要總結前述之相關概念，從逃亡犯罪者、緝捕者與國家政權之角度，深入探討捕亡制度對唐代的影響。捕亡制度之基本原則在於維護良好的社會秩序，以穩固國家體制之運作。因此，對於逃亡者和犯罪者的處置相當重要，為了避免罪人進入社會擾亂秩序，妥善的處理是最基本的防線，其中包含「繫囚」等待司法判決和執行刑罰兩種，以上皆與司法訴訟制度有關，是捕亡制度建立的重要目的，使司法制度能順利運作。關於「繫囚」與「刑罰」部分，近來唐代監獄和刑罰制度之研究成果不少，學者亦多有深入之論析，故本文此處不另加說明，較著重於緝捕對象可能的後續處理方式。

　　緝捕者在捕亡制度所扮演的角色，亦會影響到社會秩序。對於守法清廉的緝捕官吏，國家會給予嘉許，並受到人民的稱頌，維護良好的道德社會。若為不法的緝捕官吏，除了會受到民眾的撻伐之外，中央方面也會嚴加管理，並採用嚴法懲處不肖的執法人員，保障百姓的生活品質與生命財產安全。從緝捕組織、對象、執法過程、相關法律問題等多方面的探討，可知捕亡制度在法制史研究的重要意義。最後一個層面為「逃亡現象」與捕亡制度的關係，史書中對於逃亡現象的記載，大多會涉及到政治、社會層面，一國政權之穩定與否，在於為政者的治國策略與態度。歷代許多文人、大臣對於「逃亡現象」的言論相當多，其中多圍繞國家政策的執行，適當的政策制度可使社會秩序更加穩定；反觀不合時宜的制度，非但無法繼續維持政權，且必定走向滅亡之路，故「逃亡現象」常被當作是國家政權的象徵性指標。此處藉由捕亡制度的角度，論析逃亡現象的管制與政策執行的關聯性，可看出捕亡制度對於社會秩序維護的重要性，它甚至影響到國家體制之運作狀況。

　　捕亡制度雖是一國之基本組織，但任何環節缺一不可，為了有效執行各項政策的運行，中央頒布捕亡律令，利用法律的約束力，管理緝捕者的違法行為，以及逃亡犯罪者的違法問題，使其無法有任何脫逃的機會。不論是在追捕期限的規定，或是緝捕者本身的管理，唐代法律皆有詳細擬定可能的發生狀況，藉此維護捕亡制度能順利運作，使其社會秩序安定，國家政權能更加穩固。然而，捕亡制度對於國家、社會秩序的維護，大多只能基於表面上的防護網絡，可減低逃亡現象的發生，卻可能出現「治標不治本」的情況，無法完全根治社會上所發生的逃亡問題，重點還是在於國家政策的執行方面，並透過良好的君臣溝通管道，及適時聯繫地方官府的行政效率，才能建立穩固的政權與安定的社會。

　　本文透過唐代「捕亡制度」的研究視角，論析其組織架構、人員、法制、緝捕問題、影響層面等問題，並結合唐代律令之制定原則，使捕亡制度從外在的組織形式，到深層的內部結構，甚至到唐代全國體制運作之狀況，盡可能從各相關面向作一解析與論述。雖然前人研究成果裡，甚少發現有「捕亡制度」一詞，筆者藉由法制史的角度，觀察唐代在司法緝捕工作與執行上的課題，將「捕亡」一職再次擴大其研究層面，補充司法訴訟制度中對於「緝捕」工作的內容。

徵引書目

一、古典文獻（按年代編排）

（一）正史類

1. （漢）司馬遷，《史記》，臺北：鼎文書局，1981。
2. （漢）班固，《漢書》，臺北：鼎文書局，1986。
3. （南朝宋）范曄，《後漢書》，臺北：鼎文書局，1991。
4. （北齊）魏收，《魏書》，臺北：鼎文書局，1980。
5. （梁）沈約，《宋書》，臺北：鼎文書局，1980。
6. （晉）陳壽，《三國志》，臺北：藝文書局，1955。
7. （唐）房玄齡，《晉書》，臺北：鼎文書局，1980。
8. （唐）魏徵，《隋書》，臺北：鼎文書局，1990。
9. （後晉）劉昫，《舊唐書》，臺北：鼎文書局，1981。
10. （宋）歐陽修，《新唐書》，臺北：鼎文書局，1987。
11. （宋）薛居正，《新校本舊五代史并附編三種》，臺北：鼎文書局，1992。
12. （宋）歐陽修，《新校本新五代史附十國春秋》，臺北：鼎文書局，1990。
13. （元）脫脫，《宋史》，臺北：鼎文書局，1991。

（二）編年、別史、雜史

1. （唐）高彥休，《唐闕史》，三卷，臺北，藝文印書館，《百部叢書集成・知不足齋叢書》本。
2. （唐）裴庭裕撰，田廷柱點校，《東觀奏記》，收入《唐宋史料筆記叢刊》，北京：中華書局，1994。

3. （唐）歐陽詢撰，汪紹楹校，《藝文類聚》，上海：上海古籍出版社，1999。

4. （唐）張鷟撰，趙守儼點校，《朝野僉載》，收入《唐宋史料筆記叢刊》，北京：中華書局，1979。

5. （唐）劉肅撰，許德楠、李鼎霞點校，《大唐新語》，收入《唐宋史料筆記叢刊》，北京：中華書局，1997。

6. （後周）和凝、楊奉琨校釋，《疑獄集折獄龜鑑校釋》，上海：復旦大學出版社，1988。

7. （宋）王讜、周勛初校證，《唐語林校證》，收入《唐宋史料筆記叢刊》北京：中華書局，1987。

8. （宋）李昉，《太平廣記》，北京：中華書局，1995。

9. （宋）李昉等編，（宋）彭叔夏辨證、（清）勞格拾遺，《文苑英華》，北京：中華書局，1966。

10. （宋）姚鉉撰，張宏生譯注，《唐文粹》，臺北：錦繡出版社，1992。

11. （宋）桂萬榮，《棠陰比事》，上海涵芬樓據元刊本縮印，臺北：臺灣商務印書館重印《四部叢刊續編・集部》。

12. （宋）鄭克撰，劉俊文譯注，《折獄龜鑑譯注》，上海：上海古籍出版社，1988。

13. （元）徐元瑞撰，楊訥點校，《吏學指南》，收入於《元代史料叢刊》，杭州：浙江古籍出版社，1988。

14. （清）董誥等編，《全唐文》，北京：中華書局，1987。

（三）政書類

1. （唐）長孫無忌等撰，劉俊文點校，《唐律疏議》，北京：中華書局，1983。

2. （唐）李林甫等撰，陳仲夫點校，《唐六典》，北京：中華書局，1992。

3. （唐）杜佑撰，王文錦等點校，《通典》，北京：中華書局，1988。

4. （宋）王欽若等撰，《冊府元龜》，北京：中華書局，1994。

5. （宋）宋敏求撰，洪丕謨、張伯元、沈敖大點校，《唐大詔令集》，上海：學林出版社，1992。

6. （宋）王溥，《唐會要》，北京：中華書局，1990。

7. （宋）鄭樵，《通志》，臺北：臺灣商務印書館，1987。

8. 新文豐出版社編輯部，《慶元條法事類》，臺北：新文豐出版公司，1976。

9. 天一閣博物館・中國社會科學院歷史研究所天聖令整理課題組，《天一閣藏明鈔 本天聖令校證・唐令復原研究》，北京，中華書局，2006。

10. 中國社會科學院歷史研究所宋遼金史研究室點校，《名公書判清明集》，北京：中華書局，1987。

11.（元）馬端臨，《文獻通考》，臺北：臺灣商務，1987。

12.（宋）竇儀撰，吳翊如點校，《宋刑統》，北京，中華書局，1984。

13.（清）徐松，《宋會要輯稿》，國立北平圖書館印行本影印，1936。

（四）其他

1.《睡虎地秦墓竹簡》，丙辰年戊午年合刊本，臺北：里仁書局，1981。

2. 張家山二四七號漢簡竹簡整理小組，《張家山漢墓竹簡》（二四七號墓），北京：文物出版社，2006。

3.（唐）元稹，《元氏長慶集》，東京：中文出版社，1972。

4.（唐）王維撰，趙殿成箋注，《王右丞集箋注》，臺北：河洛圖書出版社，1975。

5.（唐）韓昌黎撰，（清）馬其昶校注，《韓昌黎文集校注》，臺北：頂淵文化，2005。

6. 仁井田陞著、栗勁等譯，《唐令拾遺》，長春：長春出版社，1989。

7. 仁井田陞著，池田溫編輯代表，《唐令拾遺補》，東京，東京大學出版會，1997。

8. 曾田範治，《註解養老令》，京都：有信堂，1964。

9. 國家文物局古文獻研究室等編，《吐魯番出土文書》，北京：文物出版社，1983。

10. 國家文物局古文獻研究室、新疆維吾爾自治區博物館、武漢大學歷史系編，《吐魯番出土文書》，北京：文物出版社，1983。

11. 劉海年、楊一凡總主編，《吐魯番出土法律文獻》，收入於《中國珍稀法律典籍集成》甲編第四冊，北京：科學出版社，1994。

12. 王素，《吐魯番出土高昌文獻編年》，臺北：新文豐，1997。

13. 王素，《敦煌吐魯番文獻》，北京：文物出版社，2002。

14. 陳國燦，《吐魯番出土唐代文獻編年》，臺北：新文豐，2002。

15. 侯燦、吳美琳，《吐魯番出土磚誌集注》，成都：巴蜀書社，2003。

16. 榮新江、李蕭、孟憲實主編，《新獲吐魯番出土文獻》，北京：中華書局，2008。

17. 劉海年、楊一凡總主編，《中國珍稀法律典籍集成》，北京：科學出版社，1994。

18. 蒲堅，《中國古代法制叢鈔》，北京：光明日報，2001。

19. 楊一凡、徐立志編，《歷代判例判牘》（第一冊），北京：中國社會科學，2005。

20. 楊一凡、劉篤才編，《中國古代地方法律文獻》，北京：世界圖書，2006。

二、近人論著（按作者姓名筆畫編排）

（一）專書

（1）中文部分

1. 王立民，《唐律新探》，北京：北京大學出版社，2007。

2. 王永興，《敦煌經濟文書導論》，臺北：新文豐，1994。

3. 王永興，《唐勾檢制研究》，上海：上海古籍出版社，1991。

4. 王仲犖，《敦煌石寶地志殘卷考釋》，上海：上海古籍出版社，1993。

5. 王啓濤，《吐魯番出土文書詞語考釋》，成都：四川出版集團巴蜀書社，2005。

6. 王重民，《敦煌古籍敍錄》，京都：中文出版社，1979。

7. 王鐘杰，《唐宋縣尉研究》，保定：河北大學出版社，2009。

8. 王清雲，《漢唐文官法律責任制度》，北京：中國人民大學出版社，1989。

9. 王震亞、趙熒撰，《敦煌殘卷爭訟文牒集釋》，蘭州：甘肅人民出版社，1993。

10. 王健文，《奉天承運——古代中國的「國家」概念及其正當性基礎》，臺北：東大書局，1995。

11. 王雲海，《宋代司法制度》，鄭州：河南大學出版社，1992。

12. 古怡青，《唐代府兵制度興衰研究——從衛士負擔談起》，台北：新文豐，2002。

13. 朱紹侯主編，《中國古代治安制度史》，鄭州：河南大學出版社，1994。

14. 李喬，《中國的師爺》，北京：商務印書館，1995。

15. 李甲孚，《中國監獄法制度》，臺北：商務書局，1984。

16. 李治安，《唐宋元明清中央與地方關係研究》，天津：南開大學出版社，1996。

17. 李劍農，《魏晉南北朝隋唐經濟史稿》，臺北：華世出版社，1981。

18. 李錦繡，《唐代制度史略論稿》，北京：中國政法大學出版社，1998。

19. 任立達，《中國古代縣衙制度史》，青島：青島出版社，2004。

20. 吳磊，《中國司法制度》，北京：中國人民大學出版社，1997。

21. 宋代官箴研讀會編，《宋代社會與法律——《名公書判清明集》討論》，臺北：東大圖書，2001。

22. 宋昌斌，《中國古代戶籍制度史稿》，西安：三秦出版社，1991。

23. 宋家鈺，《唐朝戶籍法與均田制研究》，鄭州：中州古籍出版社，1988。

24. 杜正勝，《編戶齊民》，臺北：聯經出版社，1990。

25. 沙知，《敦煌契約文書輯校》，江蘇：江蘇古籍，1998。

26. 谷繼光，《府兵制度考釋》，上海：上海人民出版社，1962。

27. 汪世榮，《中國古代判詞研究》，北京：中國政法大學出版社，1997。

28. 邱添生，《唐宋變革期的政經與社會》，臺北：文津出版社，1999。

29. 林乾，《中國古代權力與法律》，北京：中國政法大學出版社，2004。

30. 林劍鳴，《法與中國社會》，吉林：吉林文史出版社，1986。

31. 武建國，《漢唐經濟社會研究》，北京：人民出版社，2010。

32. 武樹臣等撰，《中國傳統法律文化》，北京：北京大學出版社，1996。

33. 胡滄澤，《唐代御史制度研究》，臺北：文津出版社，1993。

34. 栗勁，《秦律通論》，濟南：山東人民出版社，1985。

35. 高明士主編，《唐代身分法制研究──唐律名例律為中心》，臺北：五南圖書出版社，2003。

36. 高明士主編，《唐律國家與社會研究》，臺北：五南圖書出版社，1999。

37. 高桓，《秦漢簡牘中法制文書輯考》，北京：社會科學文獻出版社，2008。

38. 高潮、馬建石主編，《中國歷代法學辭典》，天津：南開大學，1989。

39. 唐長孺主編，《敦煌吐魯番文書初探》，武昌：武漢大學出版社，1983。

40. 唐長孺，《唐書兵志箋正》，北京：科學出版社，1957。

41. 唐長孺，《山居存稿》，北京：中華書局，1989。

42. 唐長孺註編，《敦煌吐魯番文書初探第二編》，武昌：武漢大學出版社，1990。

43. 唐耕耦、陸宏基，《敦煌社會經濟文獻真跡釋錄》，北京市：書目文獻出版社，1986。

44. 翁俊雄，《唐代人口與區域經濟》，臺北：新文豐出版公司，1995。

45. 徐道鄰，《唐律通論》，臺北：中華書局，1966。

46. 徐道鄰，《中國法制史論集》，臺北：志文出版社，1975。

47. 馬小紅撰，《中國古代社會的法律觀》，北京：大象出版社，1997。

48. 夏炎，《唐代州級官府與地獄社會》，天津：天津古籍出版社，2010。

49. 孫文良，《中國官制史》，臺北：文津出版社，1993。

50. 孫繼民，《唐代行軍制度研究》，臺北：文津出版社，1995。

51. 孫繼民，《敦煌吐魯番所出唐代軍事文書初探》，北京：中國社會科學出版社，2000。

52. 倪正茂，《隋律研究》，北京：法律出版社，1987。

53. 陳明光，《中國古代納稅與應役》，臺北：臺灣商務印書館，1999。

54. 陳茂同，《歷代職官沿革史》，上海：華東師範大學出版社，1997。

55. 陳俊強，《皇恩浩蕩──皇帝統治的另一面》，臺北：五南出版社，2005。

56. 陳登武，《地獄‧法律‧人間秩序──中古中國宗教、社會與國家》，臺北：五南圖書出版社，2009。

57. 陳登武，《從人間世到幽冥界──唐代的法制、社會與國家》，臺北：五南圖書出版社，2007，2版。

58. 陳國燦，《唐代的經濟社會》，臺北：文津出版社，1999。

59. 陳顧遠，《中國法制史》，北京：中國書店，1988。

60. 郭建，《古代法官面面觀》，上海：上海古籍出版社，1993。

61. 郭建，《帝國縮影──中國歷史上的衙門》，上海：學林出版社，1999。

62. 郭建、姚榮濤、王志強著，《中國法制史》，上海：上海人民出版社，2006。

63. 郭東旭，《宋代法制研究》，石家莊：河北大學出版社，2000。

64. 郭東旭，《宋代法律史論》，石家莊：河北大學出版社，2001。

65. 郭東旭，《宋代法律與社會》，北京：人民出版社，2008。

66. 張功，《秦漢逃亡犯罪研究》，武漢：湖北人民出版社，2006。

67. 張玉興，《唐代縣官與地方社會研究》，天津：天津古籍出版社，2009。

68. 張榮芳，《唐代京兆尹研究》，臺北：學生書局，1987。

69. 張晉藩，《中國古代法律制度》，北京：中國廣播電視出版社，1992。

70. 張晉藩，《中國法制史》，臺北：五南出版社，1992。

71. 張晉藩，《中國官制通史》，北京：中國人民大學出版社，1992。

72. 張晉藩主編，《中國法制通史》，北京：法律出版社，1999。

73. 張國剛，《唐代官制》，西安：三秦出版社，1986。

74. 張建國，《兩漢魏晉法制簡略》，河南：大象出版社，1997。

75. 梁方仲，《中國歷代戶口、土地、田賦統計》，上海：上海人民出版社，1980。

76. 陶希聖，《清代衙門刑事審判制度及程序》，臺北：食貨出版社，1972。

77. 凍國棟，《唐代人口問題研究》，武昌：武漢大學出版社，1993。

78. 翁俊雄，《唐代人口與區域經濟》，臺北：新文豐，1999。

79. 曹漫之主編，《唐律疏議譯註》，長春，吉林人民出版社，1989。

80. 喬偉，《唐律研究》，濟南：山東人民出版社，1985。

81. 曾良，《敦煌文獻字義通釋》，廈門：廈門大學出版社，2001。

82. 程樹德，《九朝律考》，臺北：臺灣商務印書館，2011。

83. 傅安良，《唐代的縣與縣令》，中國文化大學史學所碩士論文，1993。

84. 黃源盛，《中國傳統法制與思想》，臺北：五南圖書出版社，1998。

85. 鄭標倫，《漢唐經濟法制研究》，西安：陝西人民出版社，1996。

86. 楊鴻烈，《中國法律思想史》，臺北：臺灣商務印書館，1975。

87. 葉孝信，《中國法制史》，上海：復旦大學出版社，2008，第二版。

88. 鄭顯文，《唐代律令制研究》，北京：北京大學出版社，2004。

89. 趙雨樂，《唐宋變革之軍政制度》，臺北：文史哲出版社，1994。

90. 劉俊文，《唐代法制研究》，臺北：文津出版社，1999。

91. 劉俊文，《唐律疏議箋解（下）》，北京：中華書局，1996。

92. 劉俊文，《敦煌吐魯番唐代法制文書考釋》，北京：中華書局，1989。

93. 劉馨珺，《明鏡高懸——南宋縣衙的獄訟》，臺北：五南圖書出版社，2005。

94. 潘維和，《唐律家族主義論》，臺北：嘉新水泥公司文化基金會，1968。

95. 彭炳金，《唐代官吏職務犯罪研究》，北京：中國社會科學出版社，2008。

96. 賴瑞和，《唐代基層文官》，北京：中華書局，2008。

97. 蔡墩銘，《唐律與近世刑事立法之比較研究》，臺北：中國學術著作獎助委員會，1968。

98. 蔣禮鴻，《敦煌變文字義通釋》，上海：上海古籍出版社，1997。

99. 錢大群，《唐律疏義新注》，南京：南京師範大學出版社，2007。

100. 錢大群、夏錦文合著，《唐律與中國現行法比較論》，南京：江蘇人民出版社，1991。

101. 錢大群、郭成偉，《唐律與唐代吏治》，北京：中國政法大學出版社，1994。

102. 鞠清遠，《唐代財政史》，臺北：食貨出版社，1978。

103. 戴炎輝，《唐律通論》，臺灣：正中書局，1970 臺三版。

104. 戴炎輝，《唐律各論》，臺北：成文書局，1988。

105. 戴炎輝，《中國法制史》，臺北：三民書局，1989。

106. 瞿同祖，《中國法律與中國社會》，臺北：里仁書局，1984。

107. 臺師大歷史系等主編，《新史料‧新觀點‧新視角：天聖令論集（上）（下）》，臺北：元照出版社，2011。

（2）外文部分

1. 仁井田陞，《中國法制史研究——刑法》，東京：東京大學出版社，1959。

2. 仁井田陞，《唐宋法律文書の研究》，東京：東京大學出版社，1983 復刻。

3. 仁井田陞著、池田溫編輯代表，《唐令拾遺—附日唐日兩令對照一覽》，東京：東京大學出版社，1997。

4. 西田太一郎，《中國刑法史研究》，東京：岩波書店，1974。

5. 西嶋定生，《中國古代帝國の形と構造》，東京：東京大學出版社，1980。武尚清翻譯，《中國古代帝國的形成與結構：二十等爵制研究》，北京：中華書局，2004。

6. 池田溫，《中國古代籍帳研究》，北京：中華書局，1984。

7. 周藤吉之，《唐宋社會經濟史研究》，東京：東京大學出版社，1965。

8. 律令研究會編，《譯註日本律令》，東京，東京堂出版，1979～1996。

9. 柳田節子，《宋代鄉村制の研究》，東京：創文社，1986。

10. 堀敏一，《均田制研究》，臺北：弘文館出版社，1986。

11. 曾我部靜雄，《中國社會經濟史の研究》，東京：吉川弘文館，1976。

12. 黑板勝美、國史大系編修會編輯，《令義解》，東京：吉川弘文館，1974。

13. 滋賀秀三，《中國法制史——基本資料の研究》，東京：東京大學出版社，1993。

14. 羅・龐德，《通過法律的社會控制》，北京：商務印書館，1984 中譯版。

（二）學位論文

1. 桂齊遜，〈唐代「判」的研究——以唐律與皇權的互動關係為中心〉，中國文化大學博士論文，1996。

2. 陳璽，〈唐代訴訟制度研究〉，陝西師範大學博士學位論文，2009 年。

3. 陳登武，〈唐代司法制度研究——以大理寺為中心〉，中國文化大學史學研究所碩士論文，1991。

4. 陳慧瑩，〈唐代官僚の犯贓と刑罰〉，臺北：中國文化大學日文研究所碩士論文，1992。

5. 廖祖威，〈唐代軍法與案例探討〉，國立中正大學歷史所碩士學位論文，2004。

6. 何美慧，〈唐代司法與監察制度之間的關係——以唐律上官吏犯罪懲治為中心〉，中國文化大學史學所博士論文，2002。

（三）學術論文

（1）中文部分

1. 王素，〈唐代的御史臺獄〉，《魏晉南北朝隋唐史資料——唐長孺教授八十大壽紀念專輯》（第 11 期），武漢：武漢大學出版社，1991。

2. 王永興，〈論唐代前期行政管理的較高效率與法制的關係〉，《北京大學學報》，1985 年第 3 期。

3. 王棣，〈宋代鄉司在賦稅徵收體制中的職權運作〉，《中洲學刊》，1999。

4. 王棣，〈宋代鄉書手初探〉，《宋代歷史文化研究》，北京：人民出版社，

2000。

5. 王志強，〈南宋司法裁判中的價值取向〉，中國社會科學雜誌社編《中國社會科學》1998～6，1998。

6. 王曾瑜，〈宋代的吏戶〉，《新史學》，4-1，1993 年。

7. 王宏治，〈唐代的司法審判制度〉，收入中國政法大學中國法律史研究所編《中華法史叢談》，北京：中國政法大學出版社，1988。

8. 甘懷眞，〈反逆罪與君臣關係〉，收入高明士主編《唐宋與國家社會研究》，臺北：五南圖書出版社，2003。

9. 池田溫、岡野誠撰，高明士譯，〈敦煌、吐魯番所發現唐代法制文獻〉，《食貨月刊》復刊第九卷第五、六期及第七、八期合刊本，民國六十八年九月一日、十一月一日出版。

10. 吳謹伎，〈六贓罪的效力〉，收入高明士主編《唐宋與國家社會研究》，臺北：五南圖書出版社，2003。

11. 孟彥弘，〈唐〈捕亡令〉復原研究〉，《天一閣藏明鈔本天聖令校證・唐令復原研究》，頁 541～551。

12. 林文慶，〈張家山漢簡《二年律令・捕律》初探〉，第三屆簡帛學術研討會，2005。

13. 易彪，〈從《天聖令》之〈捕亡令〉看北宋對盜賊懲治〉，《青年文學家》，2009 年第 5 期。

14. 岡野誠，〈論敦煌本唐戶婚律放部曲爲良條——P.3608 和 P.3252 再探〉，收入楊一凡、寺田浩明等著，《中國法制史考証》，北京：中國社會科學出版社，2003。

15. 柳立言，〈宋代罪犯的人權：在何種情況下捕者可以殺死不持械逃跑的盜者？〉，收入宋代官箴研讀會編《宋代社會與法律——《名公書判清明集》討論》，臺北：東大，2001。

16. 范西望，〈淺談《唐律》對瀆職官吏的懲治〉，《人文雜誌》，1986 年第 3 期。

17. 張國剛，〈唐代兵制的演變與中古社會變遷〉，《中國社會科學》2006 年第 4 期。

18. 高明士，〈從英藏 CH0045 捕亡律斷片論唐貞觀捕亡律之存在問題——兼論貞觀斷獄律之存在問題〉，收入《潘石禪先生九秩華誕敦煌學特刊》，台北市：文津出版社，1996，頁 409～425。

19. 唐長孺，〈唐代的客戶〉，收入氏著《山居存稿》，北京：中華書局，1989。

20. 唐長孺，〈敦煌所出唐代法律文書兩種跋〉，上海：《中華文史論叢》第五輯，1964 年第 5 期。

21. 桂齊遜，〈唐代律令關係試析——以捕亡律令關於追捕罪人之規範爲

例〉,《唐研究》第 14 卷,2008。

22. 桂齊遜,〈刑事責任能力〉,收入高明士主編《唐律與國家社會研究》,臺北:五南圖書出版社,1999。

23. 陳俊強,〈刑訊制度〉,收入高明士主編《唐律與國家社會研究》,臺北:五南圖書出版社,1999。

24. 陳登武,〈中古的專業法律人——以「檢法」官為例〉,收入氏著《地獄‧法律‧人間秩序——中古中國宗教、社會與國家》,臺北:五南圖書出版社,2009。

25. 陳熙遠,〈試論唐律的加刑與減刑〉,《史繹》第 19 期,1985。

26. 陳國燦,〈武周長安年間的括戶運動〉,收入氏著《唐代的經濟社會》,臺北:文津出版社,1999。

27. 陶希聖,〈唐代戶籍簿叢輯〉,《食貨半月刊》,第四卷第五期,1936。

28. 覃守元,〈論唐「以法治吏」〉,《華中師範大學學報》,1994 年第 1 期。

29. 解梅,〈P.2754《唐安西判集殘卷》研究〉,《敦煌研究》2003 年第 5 期。

30. 黃玫茵,〈編戶管理的法制化〉,收入高明士主編《唐律與國家社會研究》。

31. 黃源盛,〈唐律刑事責任的歷史考察〉,收入《現代刑事法學與刑事責任——蔡教授墩銘先生六秩晉五華誕祝壽論文集》,臺北:國際刑法學會中華民國分會、財團法人刑事法雜誌基金會,1997。

32. 黃穀仙,〈唐代人口的流轉〉,《食貨半月刊》,第 2 卷第 7 期,1935。

33. 雷萬來,〈唐代刑罰執行之研究〉,《法商學報》,第 16 期,1981。

34. 鄒濤,〈唐律中的累犯〉,《社會科學》,1985 年第 7 期。

35. 楊廷福,〈唐朝的法律〉,《文史知識》,1983 年第 5 期。

36. 楊廷福,〈唐律與我國封建刑事法典的體用關係〉,收入尹達主編《紀念顧頡剛學術論文集》,成都:巴蜀書社,1990。

37. 楊廷福、錢元凱,〈「唐律」中關於社會預防犯罪和社會治安的規定〉,《社會科學戰線》,1985 年第 2 期。

38. 齊濤,〈論唐代流放制度〉,《人文雜誌》,1990 年第 3 期。

39. 齊覺生,〈北宋縣令制度之研究〉,《政大學報》第 18 期,1968。

40. 齊覺生,〈南宋縣令制度之研究〉,《政大學報》第 19 期,1969。

41. 賈憲保,〈唐代北司的司法機關〉,《人文雜誌》1985 年第 6 期。

42. 劉後濱,〈論唐代縣令選授〉,《中國歷史博物館館刊》29 卷,1997。

43. 蕭芳菁,〈唐律身分與罪刑關係之研究〉,《法學研究報告選集》第 1 期,1980 年。

44. 薄小瑩、馬小紅,〈唐開元廿四年岐州郿縣縣尉判集（敦煌文書伯 2979

號）研究——兼論唐代勾徵制〉，收入《敦煌吐魯番文獻研究論集》第 1
輯，北京：中華書局，1982。

45. 潘春輝，〈P.2979《唐開元廿四年岐州郿縣縣尉牒判集》研究〉，《敦煌研究》2003 年第 5 期。

46. 羅正晟，〈唐律刑官發覺犯罪事實之方法〉，《文藝復興月刊》第 29 期，1932。

47. 羅彤華，〈唐代的伍保制〉，《新史學》第 8 卷第 3 期，1997。

48. 嚴耕望，〈唐代府州僚佐考〉，收入氏著《唐史研究論叢》，香港：新亞研究所，1969。

49. 嚴耕望，〈唐代方鎮使府僚佐考〉，收入氏著《唐史研究論叢》，香港：新亞研究所，1969。

50. 戴建國，〈唐〈捕亡令〉復原研究〉，《李埏教授九十華誕紀念文集》，昆明：雲南大學出版社，2003 年。

51. 戴建國，〈宋代刑事審判制度研究〉，《文史》第 31 輯，1988。

52. 戴建國，〈宋代提點刑獄司〉，《上海師範大學學報》，1989 年第 2 期。

53. 戴建國，〈「主僕名分」與宋代奴婢的法律地位——唐宋變革時期階級結構研究之一〉，《歷史研究》，北京：中國社會科學院，2004 年第 4 期。

54. 戴建國，〈從《天聖令》看唐和北宋的法典製作〉，《新史料・新觀點・新視角：『天聖令』國際學術研討會會議論文（一）》，2009 年 11 月 6 日，國立臺灣師範大學歷史系。

（2）外文部分

1. 田濤編譯，《日本國大木幹一所藏中國法學古籍書目》，北京：法律出版社，1991。大野仁，〈唐代の判文〉，收入《中國法制史——基本資料的研究》，東京：東京大學，1993。

2. 中村裕一，《唐代官文書研究》，京都：中文出版社，1991。

3. 仁井田陞，〈大木文庫印象記——有關官箴、公牘與民眾之間關係的資料述略〉，《日本國大木幹一所藏中國法學古籍書目》，北京：法律出版社，1991。

4. 仁井田陞，〈敦煌唐律ことに捕亡律斷簡〉，收入《岩井博士古希記念典籍論叢》，東京：岩井博士古希記念事業會，1963。

5. 市原亨吉，〈唐代の「判」について〉，京都：《東方學報》第 33 冊，1963。

6. 池田溫，〈唐代《法例》小考〉，《第三屆中國唐代文化學術研討會論文集》，1997。

7. 池田溫，〈唐代と日本の軍防の比較研究〉，《武漢大學學報》，1989 年第 3 期。

8. 室永芳三，〈唐都長安城坊制治安機構〉（上），《東洋史論集》第 2 號，1974。

9. 室永芳三，〈唐都長安城坊制治安機構〉（下），《東洋史論集》第 4 號，1975。

10. 築山治三郎，〈唐代官僚犯贓刑罰〉，《社會文化史學》第十四號，1977。

附 表

（表三）在官無故亡之刑罰表

罪 行 逃亡日數	在官無故而亡	罪 行 逃亡日數	邊要之官無故亡
1 日	笞五十	1 日	杖六十
2 日	笞五十	2 日	杖六十
3 日	笞五十	3 日	杖六十
4 日	杖六十	4 日	杖七十
5 日	杖六十	5 日	杖七十
6 日	杖六十	6 日	杖七十
7 日	杖七十	7 日	杖八十
8 日	杖七十	8 日	杖八十
9 日	杖七十	9 日	杖八十
10 日	杖八十	10 日	杖九十
11 日	杖八十	11 日	杖九十
12 日	杖八十	12 日	杖九十
13 日	杖九十	13～17 日	杖一百
14 日	杖九十	18～22 日	徒一年
15 日	杖九十	23～27 日	徒一年半
16～20 日	杖一百	28～32 日	徒二年
21～25 日	徒一年	33～37 日	徒二年半
26～30 日	徒一年半	38～42 日	徒三年
31～35 日	徒二年	43～47 日	流二千里
36～40 日	徒二年半	48～52 日	流二千五百里
41～45 日	徒三年	53 日以上	流三千里
46～50 日	流二千里		
51～55 日	流二千五百里		
56 日以上	流三千里		

（表四）從軍征討而亡之刑罰表

罪行 逃亡日數	從軍征討而亡	臨陣脫逃	軍還而先歸者	罪行 逃亡日數	軍還而逃亡者
1 日	徒一年	斬	杖六十	1〜10 日	笞四十
2 日	徒一年半	斬	杖七十	11〜20 日	笞五十
3 日	徒二年	斬	杖八十	21〜30 日	杖六十
4 日	徒二年半	斬	杖九十	31〜40 日	杖七十
5 日	徒三年	斬	杖一百	41〜50 日	杖八十
6 日	流二千里	斬	徒一年	51〜60 日	杖九十
7 日	流二千五百里	斬	徒一年半	61〜70 日	杖一百
8 日	流三千里	斬	徒一年半	71〜80 日	徒一年
9 日	流三千里	斬	徒一年半	81〜90 日	徒一年半
10 日	流三千里	斬	徒一年半	91〜100 日	徒二年
11 日	流三千里	斬	徒一年半	101〜110 日	徒二年半
12 日	流三千里	斬	徒一年半	111〜120 日	徒三年
13 日	流三千里	斬	徒一年半	121〜130 日	流二千里
14 日	流三千里	斬	徒一年半	131 日以上	流二千里
15 日	絞	斬	徒一年半		
15 日以上	絞	斬	徒一年半		

（表五）宿衛人亡之刑罰表

罪行　逃亡日數	宿衛人在直而亡	從駕行而亡	罪行　逃亡日數	直番限滿而亡
1日	杖一百	徒一年	1～10日	笞四十
2日	杖一百	徒一年	11～20日	笞五十
3日	徒一年	徒一年半	21～30日	杖六十
4日	徒一年	徒一年半	31～40日	杖七十
5日	徒一年半	徒二年	41～50日	杖八十
6日	徒一年半	徒二年	51～60日	杖九十
7日	徒二年	徒二年半	61～70日	杖一百
8日	徒二年	徒二年半	71～80日	徒一年
9日	徒二年半	徒三年	81～90日	徒一年半
10日	徒二年半	徒三年	91～100日	徒二年
11日	徒三年	流二千里	101～110日	徒二年半
12日	徒三年	流二千里	111～120日	徒三年
13日	流二千里	流二千五百里	121～130日	流二千里
14日	流二千里	流二千五百里	131日以上	流二千里
15日	流二千五百里	流三千里		
16日	流二千五百里	流三千里		
17日	流三千里	流三千里		
18日	流三千里	流三千里		
18日以上	流三千里	流三千里		

（表六）防人向防及在防而亡之刑罰表

逃亡日數 罪 行	向防及在防未滿而亡者
1 日	杖八十
2 日	杖八十
3 日	杖八十
4 日	杖九十
5 日	杖九十
6 日	杖九十
7 日	杖一百
8 日	杖一百
9 日	杖一百
10 日	徒一年
11 日	徒一年
12 日	徒一年
13 日	徒一年半
14 日	徒一年半
15 日	徒一年半
16 日	徒二年
17 日	徒二年
18 日	徒二年
19 日	徒二年半
20 日	徒二年半
21 日	徒二年半
22 日	徒三年
23 日	徒三年
24 日	徒三年
25 日	流二千里
26 日	流二千里
27 日	流二千里
28 日	流二千五百里
29 日	流二千五百里
30 日	流二千五百里
31 日以上	流三千里

（表七）丁夫、雜匠而亡及逃亡戶口之刑罰表

罪　行 逃亡日數	丁夫、雜匠 在役而亡	課役之戶 全戶逃亡	課役者有 軍名而亡	課役者之非 全戶逃亡	無課役者 之全戶亡	無課役者之 非全戶亡
1～10 日	笞三十	笞三十	笞四十	笞十	笞十	無罪
11～20 日	笞四十	笞四十	笞五十	笞二十	笞二十	無罪
21～30 日	笞五十	笞五十	杖六十	笞三十	笞三十	笞十
31～40 日	杖六十	杖六十	杖七十	笞四十	笞四十	笞二十
41～50 日	杖七十	杖七十	杖八十	笞五十	笞五十	笞三十
51～60 日	杖八十	杖八十	杖九十	杖六十	杖六十	笞四十
61～70 日	杖九十	杖九十	杖一百	杖七十	杖七十	笞五十
71～80 日	杖一百	杖一百	徒一年	杖八十	杖八十	杖六十
81～90 日	徒一年	徒一年	徒一年半	杖九十	杖九十	杖七十
91～100 日	徒一年半	徒一年半	徒二年	杖一百	杖一百	杖八十
101～110 日	徒二年	徒二年	徒二年半	徒一年	徒一年	杖九十
111～120 日	徒二年半	徒二年半	徒三年	徒一年半	徒一年半	杖一百
121～130 日	徒三年	徒三年	流二千里	徒二年	徒二年	徒一年
131 日以上	徒三年	徒三年	流二千里	徒二年	徒二年	徒一年

罪　行 逃亡日數	女戶之全 戶而亡者	女戶之非 全戶而亡者
1～10 日	無罪	無罪
11～20 日	無罪	無罪
21～30 日	無罪	無罪
31～40 日	笞十	無罪
41～50 日	笞二十	無罪
51～60 日	笞三十	笞十
61～70 日	笞四十	笞二十
71～80 日	笞五十	笞三十
81～90 日	杖六十	笞四十
91～100 日	杖七十	笞五十
101～110 日	杖八十	杖六十
111～120 日	杖九十	杖七十
121～130 日	杖一百	杖八十
131 日以上	杖一百	杖八十

罪　行 逃亡人數	主司不覺亡者
1～5 人	笞二十
6～10 人	笞三十
11～15 人	笞四十
16～20 人	笞五十
21～25 人	杖六十
26～30 人	杖七十
31～35 人	杖八十
36～40 人	杖九十
41 人以上	杖一百

（表八）流徒囚役限內而亡之刑罰表

逃亡日數 ＼ 罪行	流、徒、囚役限內而亡	逃亡人數 ＼ 罪行	主守不覺失囚（囚犯刑滿不足半年而亡）	監當官司不覺失囚（囚犯刑滿不足半年而亡）
1～3 日	笞四十	1～3 人	笞三十	無罪
4～6 日	笞五十	4～6 人	笞四十	笞十
7～9 日	杖六十	7～9 人	笞五十	笞二十
10～12 日	杖七十	10～12 人	杖六十	笞三十
13～15 日	杖八十	13～15 人	杖七十	笞四十
16～18 日	杖九十	16～18 人	杖八十	笞五十
19～23 日	杖一百	19～21 人	杖九十	杖六十
24～28 日	徒一年	22 人以上	杖一百	杖七十
29～33 日	徒一年半			
34～38 日	徒二年	逃亡人數 ＼ 罪行	主守不覺失囚	監當官司不覺失囚
39～43 日	徒二年半	未定	減囚罪三等	減囚罪六等
44～48 日	徒三年			
49～53 日	流二千里			
54～58 日	流二千五百里			
59 日以上	流三千里			

（表九）官戶奴婢而亡之刑罰表

逃亡日數 ＼ 罪行	官私賤人逃亡	縱誘官私賤人逃亡並與之同行者	主司故縱逃亡
1～3 日	杖六十	笞五十	杖六十
4～6 日	杖七十	杖六十	杖七十
7～9 日	杖八十	杖七十	杖八十
10～12 日	杖九十	杖八十	杖九十
13～15 日	杖一百	杖九十	杖一百
16～18 日	徒一年	杖一百	徒一年
19～21 日	徒一年半	徒一年	徒一年半
22～24 日	徒二年	徒一年半	徒二年
25～27 日	徒二年半	徒二年	徒二年半
28～30 日	徒三年	徒二年半	徒三年
31～33 日	流二千里	徒三年	流二千里
34～36 日	流二千五百里	流二千里	流二千五百里
37 日以上	流三千里	流二千五百里	流三千里

逃亡人數 ＼ 罪　行	主司不覺官戶、官奴婢亡
1〜5 人	笞三十
6〜10 人	笞四十
11〜15 人	笞五十
16〜20 人	杖六十
21〜25 人	杖七十
26〜30 人	杖八十
31〜35 人	杖九十
36 人以上	杖一百